高等职业教育"十三五"规划教材

——轨道交通类

铁路运输设备

辅助设计

Tielu Yunshu Shebei
Fuzhu Sheji

主　审／应夏晖

主　编／黄艺娜　旷利平
副主编／胡　斌　赵小红　陈锦生
　　　　李培锁　胡　杰

西南交通大学出版社
·成都·

图书在版编目（CIP）数据

铁路运输设备辅助设计 / 黄艺娜，旷利平主编. —
成都：西南交通大学出版社，2019.6
高等职业教育"十三五"规划教材. 轨道交通类
ISBN 978-7-5643-6900-2

Ⅰ. ①铁… Ⅱ. ①黄… ②旷… Ⅲ. ①铁路运输－设
备－计算机辅助设计－高等职业教育－教材 Ⅳ.
①U2-39

中国版本图书馆 CIP 数据核字（2019）第 104851 号

高等职业教育"十三五"规划教材——轨道交通类

铁路运输设备辅助设计

主编	黄艺娜　旷利平
责任编辑	何明飞
封面设计	墨创文化
出版发行	西南交通大学出版社
	（四川省成都市金牛区二环路北一段 111 号
	西南交通大学创新大厦 21 楼）
邮政编码	610031
发行部电话	028-87600564　028-87600533
网址	http://www.xnjdcbs.com
印刷	四川森林印务有限责任公司
成品尺寸	185 mm×260 mm
印张	10.75
字数	269 千
版次	2019 年 6 月第 1 版
印次	2019 年 6 月第 1 次
定价	30.00 元
书号	ISBN 978-7-5643-6900-2

课件咨询电话：028-87600533

前　言

随着科学技术的发展，计算机绘图在多个领域已经取代了传统手工绘图，在设计绘图方面，AutoCAD可以完全替代纸和笔。因此，在教学中需要培训学生使用计算机进行辅助设计，以适应现代社会技术的发展。

高职院校新课改主要体现"校企合作""工学结合"的思想，要求教师探索新思路、改革陈旧的教学方法和手段，然而市面上有关新课改的书籍却不是很多，这给教学带来了很大的不便。为了改变铁路运输设备辅助设计的现状，编者结合多年的设计和教学工作经验编写了本书。本书形式新颖、注重实践。

根据AutoCAD在铁路运输行业中的应用，本书精心设置了4个项目，各个项目又包含了若干任务，具体结构如下：

项目描述：让读者充分了解每个项目的内容，了解项目应该达到的目标，做到目的明确，心中有数。

三项目标：完成任务的过程就是掌握知识、提高能力的过程，本书以精心设计的典型图形作为载体，通过任务导入，让读者首先了解完成任务的过程。

知识认知：本书对铁路的基础知识和原理进行了一定的阐述，可以帮助读者加深相关知识的理解。

注意事项：对于一些经常使用计算机的人来说，很多技巧已经烂熟于胸，但对于初学者而言，这些知识却非常宝贵，所以编者根据同行的使用和教学经验设置了"注意"，以使读者尽快掌握要领。

任务实施：在此环节编者详细介绍了任务实施的过程，对每一步的操作都做了详尽的介绍。

课后习题：作为一种应用软件，不通过大量的练习很难熟练掌握，因此本书精选了大量同类练习。这些练习针对性强，可帮助读者进一步熟悉软件相关功能的使用，提高应用所学知识分析和解决具体问题的能力。

由于编者水平所限，虽然在编写过程中认真核查，反复校对，但难免存在不足和欠妥之处。我们衷心希望，广大读者能够对本书的不当之处给予批评指正。

编　者

2019年3月

目　录

项目一　铁路运输设备基础知识

一、项目描述

铁路是我国重要的基础设施，是国民经济的大动脉和大众化的交通工具，是现代化统一运输网中的骨干和中坚力量。改革开放以来，我国铁路建设取得了突破性进展，在运输管理体制、实行重载、提速、调图、适应市场经济发展等方面取得了显著的成绩，铁路建设获得了前所未有的发展。铁路运输设备是铁路行车和调车工作的基础，是运输组织活动正常进行的保证。本项目将系统地讲解铁路运输设备的定义、组成和基本原理，以及线路、站场、机车、车辆、信号、联锁、闭塞、通信设备及信息化设施等。

二、教学目标

1．知识目标

（1）掌握铁路线路和站场的基本知识。

（2）掌握铁路信号和通信的基本知识。

（3）掌握铁路机车和车辆的基本知识。

（4）掌握铁路运输设备的整体知识。

2．技能目标

（1）熟练掌握铁路线路和站场的运用。

（2）熟练掌握铁路信号和通信的运用。

（3）熟练掌握铁路机车和车辆的运用。

（4）能将铁路运输设备相关知识与 AutoCAD 相结合。

3．素质目标

（1）熟练掌握铁路运输设备的基础知识。

（2）能绘制简单的铁路运输设备图形。

（3）能将铁路运输设备相关知识与 AutoCAD 相结合，实现理论与实践相结合。

任务一　铁路信号基础知识

铁路信号能保证列车运行安全，有效提高铁路的运输效率，降低运输成本，大大改善行车人员的劳动条件。铁路信号装备是组织指挥列车运行、保证行车安全、提高运输效率、传递行车信息、改善行车人员劳动条件的关键设备。

一、铁路信号简介

各种用途的信号机表示器和标志所发出的信号，可从各种角度进行分类。

1．按接收信号的感官分类

按接收信号的感官可分为视觉信号和听觉信号两大类。

视觉信号是以物体或灯光的颜色、形状、位置、闪光、数目或数码显示等特征表示的信号。如用信号机、机车信号、信号旗、信号牌、各种表示器、各种标志及火炬等显示的信号，都是视觉信号。

听觉信号是以不同器具发出的音响的强度、频率和音响的长短等特征表示的信号。如用号角、口笛、响墩发出的音响以及机车、轨道车的鸣笛等发出的信号，都是听觉信号。

2．按发出信号的机具能否移动分类

按发出信号的机具能否移动可分为固定信号、机车信号、移动信号和手信号。

固定信号是铁路信号设备的重要组成部分，在我国铁路上，依据运营要求，固定信号采用下列基本的信号：

① 要求停车的信号。

② 要求注意或减速运行的信号。

③ 准许按规定速度运行的信号。

上述要求停车的信号，一般被叫作"禁止信号"或"停车信号"；要求注意或减速运行的信号和准许按规定速度运行的信号，则被称作"进行信号"或"允许信号"。

视觉信号的基本颜色及其基本意义如下：

① 红色——停车。

② 黄色——注意或减低速度。

③ 绿色——按规定速度运行。

3．按发出固定信号的机具分类

按发出固定信号的机具可分为色灯信号机、臂板信号机、表示器和标志等。

4．按信号的使用时间分类

按信号的使用时间可分为昼间信号、夜间信号和昼夜通用信号。

昼间信号以臂板信号机臂板的不同颜色、形状、尺寸、数目及位置等显示。夜间信号以臂板信号机上的灯光颜色和数目等显示。昼夜通用信号则以色灯信号机、机车信号显示器的灯光颜色、数目、闪光、位置、数码等显示。

利用灯光的颜色特征和臂板的颜色、形状、数目特征给出的信号显示的例子，如表 1-1 所示。

表 1-1　利用颜色、位置和数目特征给出的信号显示

信　号	停　车	注意或减速	按规定速度运行	信号机
颜色特征	●	◯(斜纹)	◯	色灯信号机

注：●—红色；◯(斜纹)—黄色；◯—绿色。

在信号的显示中，除了采用红、黄、绿 3 种基本颜色以外，还采用月白色和蓝色等颜色。蓝色表示为"容许信号"或"禁止调车信号"；月白色则表示"引导信号"或"允许调车信号"。

5．按信号机的用途分类

按信号机的用途可分为进站、出站、进路、调车、通过、遮断、防护、预告、驼峰、复示信号机等。

进站、出站、进路、通过、遮断、防护等信号机，都能独立地显示信号，指示列车运行的条件，叫作主体信号机。预告信号机和复示信号机等，本身不能独立存在，而是从属于某种信号机的，所以这些信号机叫作从属信号机。例如，进站预告信号机便是从属信号机，进站信号机是它的主体信号机。

6．按信号的显示数目分类

按信号显示的数目可分为单显示、二显示、三显示和多显示信号。

出站信号机和进路信号机的复示信号机以及遮断信号机均为单显示的信号机。单显示信号机平时不着灯，没有显示。二显示、三显示和多显示可以根据信号机的用途和需要指示的运行条件来设置。

7．按禁止信号的显示意义分类

按禁止信号的显示意义可分为绝对信号和容许信号。

① 绝对信号——当显示禁止信号时，在没有引导信号的情况下，绝对禁止列车越过它，所有手动的或半自动的主体信号机，都属于这一类。

② 容许信号——自动动作的主体信号机，如自动闭塞区间的通过信号机即属这一类。当容许信号的信号机显示一个红色灯光时，列车停车 2 min 后，仍可按限制速度越过它，但要求随时准备停车。

注：在通过信号机上加设的一个蓝色灯光，也称为"容许信号"，但它是容许不停车的一种标志。

8．按信号机的动作方式分类

按信号机的动作方式可分为手动信号机、半自动信号机和自动信号机。

① 手动信号机——开放信号和关闭信号都由人工操作。

② 半自动信号机——开放信号由人工操作，关闭信号除由人工操作外，还受列车本身的自动控制。

③ 自动信号机——开放信号和关闭信号都受列车本身自动控制。

二、对信号显示的基本技术要求

信号是指示行车和调车运行条件的命令。因此，从运营方面来说，对固定信号的显示有如下一些基本技术要求：

① 信号显示应力求简单明了，使行车人员易于辨认。

② 信号应有足够的显示数目和显示距离，以便于司机能准确及时地辨认信号，平稳地驾驶列车运行。

③ 信号设备应符合"故障-安全"原则，当信号设备发生故障时，信号机应能自动地给出最大限制的信号显示。

④ 信号显示应具有较高的抗干扰能力，尽量减少受风沙、雨雪、迷雾和背景以及其他灯光的影响。

三、信号基本灯光颜色

信号基本灯光颜色如表 1-2 所示。

表 1-2 信号基本灯光颜色

符　号	名　　称	字　母
○	绿　灯	L
⊘	黄　灯	U
●	红　灯	H
◉	蓝　灯	A
◎	月白灯	B
⊙	白　灯	
⊗	空位灯	
¤	稳定灯光	
¤	闪　灯	

四、固定信号机的信号显示举例

以进站信号机为例，它的信号显示及其意义如表 1-3 所示。例如，进站信号机显示一个黄色灯光是提醒列车注意运行，准许"进入正线停车"，始端速度为 $v_规$，前方出站信号机在关闭状态，即终端速度为 v。所以要注意运行，准备在出站信号机前面停车。又如两个黄色灯光，提醒列车"进站线准备停车"，即指示司机准许进入的是站线，经过道岔曲线要把速度降到规定数值以下（如 12 号道岔，规定在 45 km/h 以下），并且在站线上准备停车。

表 1-3　进站信号机的显示及其意义

信号机名称	色灯信号机	信号显示方式与方法	信号显示的意义
进站信号机		●	停车，不准通过信号机
		⊘	进正线停车，预告出站信号机关闭
		⊘	进站线准备停车
		⊘	按规定速度由正线通过，预告出站信号机开放
		⊘	进站内正线停车，预告进路信号机开放，出站信号机关闭
		● ○	引导信号，以不超过 15 km/h 的速度进站并随时准备停车

1．进站信号机

进站信号机的作用主要用来防护车站。进站信号机的设置位置，应在距列车进站时遇到的第一个道岔尖轨尖端（顺向时为警冲标）大于 50 m 的地点。若因调车作业或制动距离的需要，可以更大些，但不得超过 400 m，若因信号显示不良而外移时，则最大不宜超过 600 m，如图 1-1 所示，X 为进站信号机。

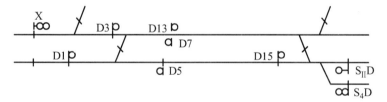

图 1-1　进站信号机

2．通过信号机

车站是根据列车的会让、越行和办理旅客及货物的需要而设置的。两个车站之间叫区间，每个区间的每一条线路上只容许一列列车运行。影响线路通过能力的主要因素是较长的那个区间。单线一般在较长区间，用增加一个会让站的办法，将一个区间划分成两个区间，即容许两列列车运行以提高区间的通过能力。这样既加大了列车密度，又增加了一个会让站。因为会让站是有配线的分界点，所以设置的是出站和进站信号机，而不是通过信号机。

在双线，也可将较长的那个区间，划分成两个区段，在其中间增设一个线路所。如图 1-2 所示，在线路所与两邻站间构成两个所间区间。在线路所处，分别设置两架信号机，叫作通过信号机，用它来防护所间区间的运行安全。用增加线路所和增设通过信号机的办法，也可加大列车密度。但线路所无配线，所以不能办理列车越行。

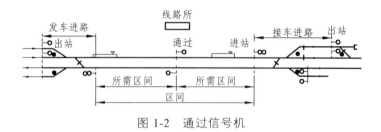

图 1-2　通过信号机

在确定通过信号机的具体设置位置时，应综合考虑：

① 应避免设在列车停车后起动时容易断钩的地点（前方一部分停在上坡道上，车钩拉得很紧，而后方大部分停在下坡道上，车钩又压得很紧，所以中间处的车钩在起动时受力过大，容易断钩）。

② 应尽量避免设在停车后起动困难的上坡道上。

③ 不准许设在隧道内及大型桥梁上。

3．遮断信号机

为防护道口、桥梁、隧道以及塌方落石等地点而设置的信号机，叫作遮断信号机。

在繁忙的道口上，若汽车或拖拉机等机动车因故障停留在道口，或者在道口上散落有货物，一时又移不开时，为了能立即指示列车在道口外方停车，设立遮断信号机是非常必要的。在较大的桥隧建筑物和可能危及行车安全的塌方落石地点，一般均设有固定值班的看守人员昼夜巡视。一旦发生危及行车安全的情况时，为了能及时地向列车发出停车信号，要求列车在障碍地点前方停车，也需要设置遮断信号机。遮断信号机的设置位置，距其防护地点不得少于 50 m。遮断信号机显示一个红色灯光时，不准列车越过该信号机，不亮灯时，不起信号作用，如图 1-3 所示。

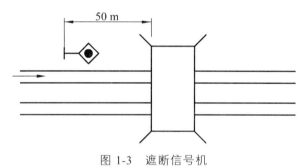

图 1-3　遮断信号机

4．预告信号机

信号显示直接关系到行车的安全和效率，也有利于改善乘务人员的劳动条件，而地面信号又常常受到现地条件和气象条件的影响，使信号显示距离有时难以满足运营要求。因此，对进站、通过和遮断等绝对信号机，应根据实际需要，装设预告信号机，以防止冒进绝对信号。当预告或其主体信号机的显示距离不足 400 m 时，为了让司机预先有足够的时间确认信号，在这种情况下，规定预告信号机距其主体信号机不得小于 1 000 m。预告信号机仅反映其主体信号机的开放或关闭两种状态，尽早提出要求，增加一个显示，以便提高列车的进站速度。

预告信号机的信号显示方法有时虽与其主体信号机相同（例如同样是一个黄色灯光，表示主体信号机在关闭状态），但显示意义不完全一样，所以预告信号机均有特殊的标志，以示区别（例如在机柱上涂有黑白相间的标志），如图 1-4 所示。

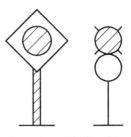

图 1-4　预告信号机

5．调车信号机

为保证列车在站内的行车安全，凡影响列车作业的调车进路，均应设置调车信号机。调车信号机要根据调车作业的实际需要装设，如图 1-5 所示。

图 1-5　调车信号机

6．驼峰信号机

在驼峰调车场的峰顶上，用来指示调车车列能否向峰顶推送和用多大速度推送而设置的信号机，叫作驼峰信号机和驼峰辅助信号机。简易、非机械化、机械化、自动化驼峰，为了进一步提高编组作业的效率和保证安全以及改善调车人员的劳动条件，在峰顶均应设置驼峰信号机，在到达场接车股道头部均应设置驼峰辅助信号机，如图 1-6 所示。

图 1-6　驼峰、驼峰辅助及驼峰复示信号机

7．复示信号机

出站及发车进路信号机，因受地形、地物影响，达不到规定的显示距离时，应设置复示信号机。复示信号机显示一个绿色灯光时，表示出站或发车进路信号机在开放状态。复示信号机采用方形背板，以区别于一般信号机。

在驼峰上调车时，主要是推送车列运行，不利于调车司机瞭望信号，所以规定驼峰信号机均应装设复示信号机。在到达场上设置的驼峰复示信号机还指示到达列车的停车位置，有的还兼作出站和进路信号机使用。

在机械化驼峰上，在尚未装设驼峰机车信号的条件下，仅设置驼峰辅助信号机不能满足调车作业要求时，可在到达场的每一接车股道中间设置驼峰复示信号机。

五、信号显示距离

列车从开始制动到完全停住这一段时间内所走行的距离，叫作制动距离。我国铁路规定制动距离为 800 m，也就是说信号的显示距离一般应大于 800 m。《铁路技术管理规程》（简称《技规》）规定：各种信号机及表示器，在正常情况下的显示距离如下：

① 进站、通过、遮断、防护信号机，不得少于 1 000 m；
② 出站、进路、预告、驼峰信号机，不得少于 400 m；
③ 调车、矮型出站、矮型进路、复示信号机，容许和引导信号以及各种表示器，均不得少于 200 m。

因地形、地物影响信号显示的地方，进站、通过、预告、遮断、防护信号机的显示距离，在最坏条件下不得小于 200 m。

实际上，《技规》还规定：在正线上信号机防护区段的长度，即闭塞分区的长度，至少不小于 800 + 400 = 1 200 m。这就是说，信号显示距离要求达到 1 000 m 以上，而为了行车安全，防护区段的长度最小不少于 1 200 m。

出站和进路信号机都设在站内，受站内地形、地物的影响，妨碍信号瞭望的视线，所以对其显示距离规定近一些，但不得少于 400 m。驼峰信号机也设在站内，而且设有驼峰复示信号机。预告信号机仅仅起预告其主体信号机的显示的作用，所以对驼峰、预告信号机的显示距离要求可以近些，规定不少于 400 m。

调车信号机因调车速度低，复示信号机因是重复主体信号的显示，引导信号和容许信号在司机未看到它们显示之前，已经看到主体信号机的显示，所以对调车、复示、引导、容许信号的显示距离规定不得少于 200 m。

各种表示器和标志，由于都不是绝对信号，且受机体本身的限制，因此规定它们的显示距离不得少于 200 m。

对进站、通过、防护、遮断信号机的信号显示距离应当严格要求。在装设此类信号机时，应选好地点，尽可能使其显示距离达到标准。但是因线路条件的具体情况难以达到标准时，显示距离允许降低，但最低不得少于 200 m。

六、各种表示器和标志

不同用途的信号机给出的信号显示，有时需要附加一种特殊的含义。例如出站信号机给出的绿色灯光，当前方有 3 个发车方向时，需要附加说明所给出的准许发车信号，是向哪个方向发车的。又如，进站、出站等信号机给出的红色灯光，是绝对的停车信号，不准许列车越过它，而自动闭塞区间的通过信号机给出的红色灯光，又是容许的停车信号，在红灯前停车 2 min 后，仍准许以限制的速度继续运行，所以绝对信号机应与容许信号机在外形结构上有所区别，即需要有一种特殊的容易识别的标志。本书中所要讨论的表示器和标志，即属于这一类。

在我国铁路上采用的表示器有进路表示器、线路表示器、发车表示器、调车表示器和道岔表示器等。

（1）进路表示器：只用于出站信号机。当出站信号机在开放的条件下，进路表示器亮 1 个月白色灯光，指示发车的方向。如图 1-7 所示，出站信号机亮 1 个绿灯，进路表示器亮左边的月白色灯光，指示准许向前方左边的区间发车。表示器并排有 3 个灯，哪个灯亮灯再配合 1 个绿灯，便指示准许向哪个区间发车。

如果前方只有两个发车方向，就用 1 个绿灯和 2 个绿灯来代替进路表示器：1 个绿色灯光，准许向前方的主要干线发车；2 个绿色灯光，准许向前方的次要干线发车。

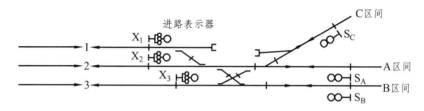

图 1-7　进路表示器

（2）线路表示器：用于设有线群出站信号机的地方。如图 1-8 所示，在编组线群的外方，设有线群共用的出站信号机，叫线群出站信号机，而在每一发车线警冲标内方适当地点，设有线路表示器。当线群出站信号机在开放的条件下，哪个线路表示器亮 1 个月白色灯光，即表示在该线路停留的列车可以发车。这些并排的线路表示器，同时只准许 1 个点亮月白灯，而且又只有在线群出站信号机开放后，它才能亮灯。很显然，这样可以避免在发车前再转线，在编组线上把列车编好后就可以直接发车。

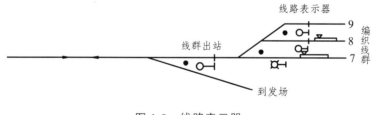

图 1-8　线路表示器

（3）发车表示器：列车发车除要看出站信号外，还要确认车长是否给出准许发车的手信号。在弯道和在旅客多的大站上，往往司机看不到车长发出的准许发车的手信号，这时就需要在列车停车前适当地点装设一个发车表示器。发车表示器受值班站长和车长的双重控制，在出站信号机开放的条件下，只要是值班站长和车长都按下同意发车按钮，发车表示器即亮 1 个月白色灯光，司机便可遵照此指令发车。

（4）调车表示器：在繁忙的编组场上，因地形、地物影响调车机车司机瞭望调车人员的手信号有困难时，可设置调车表示器，用以代替调车人员的手信号。调车表示器向前、后 2 个方向均能单独给出显示：一方面向调车区；另一方面向牵出线。当面向调车区或面向牵出线方向，显示 1 个月白色灯光时，表示准许机车车辆自调车区向牵出线或自牵出线向调车区运行。当面向牵出线方向显示 2 个月白色灯光时，表示准许机车车辆自牵出线向调车区溜放。调车表示器只准调车指挥人员操纵，以保证调车作业的安全。

（5）道岔表示器：在接发车进路上的手动道岔上和由非联锁区向联锁区的入口处的电动道岔上，均装有道岔表示器，用以反映道岔所处的状态，以方便行车人员办理调车作业，如图 1-9 所示。联锁区域内的电动道岔，由于可利用调车信号机调车，所以不设道岔表示器。道岔表示器的鱼尾形黄色标板顺着线路方向显示，昼间沿着线路方向看不到标板，夜间显示 1 个蓝色灯光时，则反映该道岔开向定位；若上述的标板横着线路方向显示，沿着线路方向在昼间能看到鱼尾形黄色标板，夜间显示 1 个黄色灯光时，则反映该道岔开向反位。

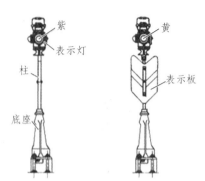

图 1-9　道岔表示器

七、联锁设备

1．联锁关系

为了保证车站的列车、调车作业安全，只有在进路空闲、道岔位置正确、敌对信号处于关闭状态时，防护进路的信号才能开放。当信号开放后，进路上有关道岔不能再转换，其敌对进路不能建立、敌对信号不能开放，这种信号、道岔、进路之间相互制约的关系，称为联锁关系，简称联锁。

联锁关系的基本内容可以归纳为以下几点：

① 当进路上各轨道区段空闲、有关道岔在规定位置、其敌对信号处于关闭状态时，防护进路的信号机才能开放。信号机开放后，该进路上的有关道岔不能扳动，其敌对信号机不能开放。

② 正线上的出站信号机未开放时，进站信号机不能开放通过信号。主体信号机未开放时，其预告信号机不能开放。

③ 信号机的显示必须与进路的开通状态相符合。

④ 区间内正线上的道岔未开通正线时，两端站不能开放有关信号机。

2．联锁图表

联锁图表是车站联锁设备间联锁关系的说明，它由信号平面布置图和联锁表两部分组成。联锁图表说明车站信号设备之间的联锁关系，显示了进路、道岔、信号机以及轨道电路区段之间的基本联锁内容。

（1）信号平面布置图。

信号平面布置图（见图 1-10）是编制联锁表的主要依据，为满足编制联锁表的需要，信号平面布置图上一般应有以下主要内容：

① 联锁区及非联锁区中与信号设备有关的线路布置及编号。

② 联锁道岔、信号机、信号表示器，轨道电路区段（含侵限绝缘区段）等有关设备及其编号和符号。

③ 正线和到发线的接车方向，区间线路及机车走行线的运行方向。

④ 信号楼（或车站值班员室）中心公里标，联锁道岔和信号机距信号楼（或车站值班员室）中心的距离。

⑤ 进站信号机外方制动距离内有超过 6‰ 下坡道时的换算坡度数。

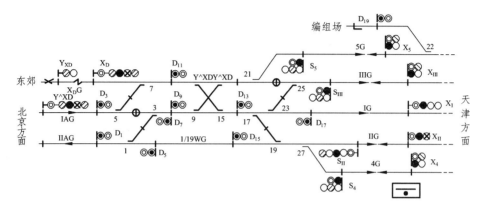

图 1-10　车站信号平面布置图

（2）联锁表。

联锁表如表 1-4 所示。

表 1-4　联锁表

方向			进路	进路号码	排列进路按下按钮		
					始端	变更	终端
列车进路	下行方面	发车	由 5 股道	1	S5LA	NULL	SLZA
			由Ⅲ股道	2	SⅢLA	NULL	SLZA
			由Ⅲ股道	3	SⅢLA	BA	SLZA
			由Ⅰ股道	4	SⅠLA	NULL	SLZA
			由Ⅱ股道	5	SⅡLA	NULL	SLZA
			由 4 股道	6	S4LA	NULL	SLZA
		接车	至 5 股道	7	XLA	NULL	S5LA
			至 5 股道	8	XLA	D9A	S5LA
			至Ⅲ股道	9	XLA	NULL	SⅢLA
			至Ⅲ股道	10	XLA	BA	SⅢLA
			至Ⅰ股道	11	XLA	NULL	SⅠLA
			至Ⅱ股道	12	XLA	NULL	SⅡLA
			至 4 股道	13	XLA	NULL	S4LA
		通过	经Ⅰ股道向上行方面通过		STA	NULL	SLZA

方向			进路	进路号码	排列进路按下按钮		
					始端	变更	终端
调车进路	由	D1	至 D9	14	D1A	NULL	D7A
			至 D15	15	D1A	NULL	D5A
		D3	至 D9	16	D3A	NULL	D7A
			至 D11	17	D3A	NULL	D11A
		D5	向 D1	18	D5A	NULL	D1A
		D7	向 D3	19	D7A	NULL	D3A
			向 D1	20	D7A	NULL	D1A
		D9	至 D13	21	D9A	NULL	D13A
			向 5 股道	22	D9A	NULL	S5DA
			向 Ⅲ 股道	23	D9A	NULL	SⅢDA
		D11	向 5 股道	24	D11A	NULL	S5DA
			向 Ⅲ 股道	25	D11A	NULL	SⅢDA
			至 D13	26	D11A	NULL	D13A
		D13	向 Ⅲ 股道	27	D13A	NULL	SⅢDA
			向 Ⅰ 股道	28	D13A	NULL	D17A
			向 4 股道	29	D13A	NULL	S4DA
			向 Ⅱ 股道	30	D13A	NULL	SⅡDA
		D15	向 Ⅱ 股道	31	D15A	NULL	SⅡDA
			向 4 股道	32	D15A	NULL	S4DA
		SID	至 D7	33	SIDA	NULL	D7A
			SDZA	34	SIDA	NULL	SDZA
		S5D	至 SDZA	35	S5DA	NULL	SDZA
			至 D7	36	S5DA	NULL	D9A
		SIIID	至 SDZA	37	SⅢDA	NULL	SDZA
			至 D7	38	SⅢDA	NULL	D9A
		SIID	至 D5	39	SⅡDA	NULL	D15A

任务二　铁路线路与站场基础知识

一、铁路线路基础知识

铁路线路是机车车辆和列车运行的基础，它直接承受机车车辆轮对传来的压力。为了保证列车能按规定的最高速度安全、平稳和不间断地运行，使铁路运输部门能够质量良好地完成客货运输任务，铁路线路必须经常保持完好状态。铁路线路是由路基、桥隧建筑物和轨道组成的一个整体工程结构，如图 1-11 所示。

图 1-11　铁路线路

1．铁路线路等级

铁路线路等级是铁路的基本标准。设计铁路时，首先要确定铁路等级。铁路技术标准和装备类型都要根据铁路等级去选定。我国《铁路线路技术管理规程》规定铁路等级应根据在铁路网中的作用、性质和远期的客货运量确定。

我国铁路共分为三个等级，如表 1-5 所示。

表 1-5　铁路线路等级

等　　级	铁路在路网中的意义	远期年客货运量
Ⅰ级铁路	在路网中起骨干作用的铁路	≥15 Mt
Ⅱ级铁路	1．在路网中起骨干作用的铁路	≤15 Mt
	2．在路网中起联络、辅助作用的铁路	≥7.5 Mt
Ⅲ级铁路	为某一区域服务，具有区域运输性质的铁路	≤7.5 Mt

注：① 远期——指交付运营后第 10 年。
　　② 年货运量为重车方向，每对旅客列车上下行各按 0.7 Mt（Mt：百万吨）年货运量折算。

2．线路标志

（1）线路标志的作用。

① 为了线路的维修和养护。

② 为了司机和车长等工作上的需要。

（2）线路标志的类型及设置地点。

① 公里标、半公里标。

公里标、半公里标是线路的里程标。公里标从铁路线路起点开始，每 1 km 设置 1 个；半公里标设于线路的 0.5 km 处，如图 1-12 所示。

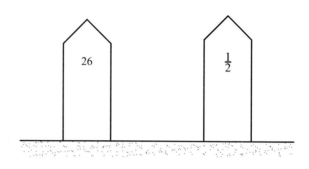

图 1-12　公里标和半公里标

② 曲线标。

曲线标为曲线的技术参数，在上面标明曲线的有关要素（曲线长度、缓和曲线长度、曲线半径、超高、加宽），如图 1-13 所示。

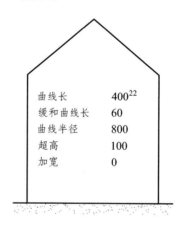

图 1-13　曲线标

③ 坡度标

坡度标表示该坡道的坡度大小及坡段长度，并用箭头表示上坡和下坡，如图 1-14 所示。

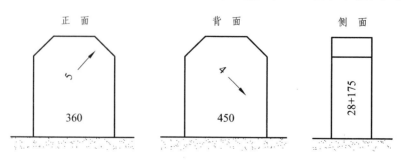

图 1-14　坡度标

3．路　基

铁路线路是由路基、桥隧建筑物、轨道组成的一个整体工程结构。路基主要有路堤和路堑两种基本形式，如图 1-15 所示。

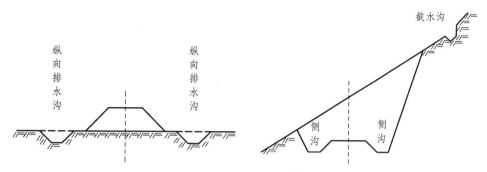

图 1-15　路堤和路堑

① 路堤：铺设轨道的路基面高于天然地面时，路基以填筑的方式构成，这种路基称为路堤。

② 路堑：当铺设轨道的路基面低于天然地面时，路基以开挖方式构成，这种路基称为路堑。

4．道　床

道床是轨道的重要组成部分，是轨道框架的基础。道床通常指的是铁路轨枕下面，路基面上铺设的道砟垫层。其主要作用是支撑轨枕，把轨枕上部的巨大压力均匀地传递给路基面，并固定轨枕的位置，阻止轨枕纵向或横向移动，大大减少路基变形的同时还缓和了机车车辆轮对对钢轨的冲击，便于排水。道床分为普通有砟道床、沥青道床和混凝土整体道床。轨道的基本构成如图 1-16 所示。

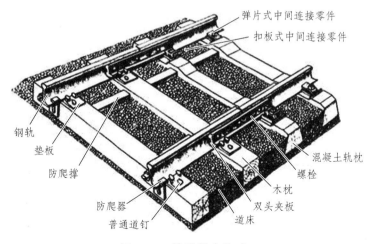

图 1-16　轨道基本构成

5．钢　轨

钢轨是铁路线路的重要组成部分，它的主要作用是直接承受车轮的巨大压力并引导车轮运行方向。钢轨的代号以每米长度的质量表示，现行标准钢轨类型有 70 kg/m、60 kg/m 和

50 kg/m 等。钢轨一般长度有 25 m 和 12.5 m 两种。钢轨的横截面如图 1-17 所示。

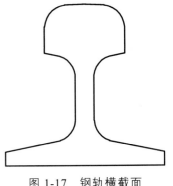

图 1-17 钢轨横截面

6．轨 枕

轨枕的作用是支撑钢轨，将钢轨传来的压力传递给道床，并且还可以保持钢轨位置和轨距，长度一般为 2.5 m。轨枕主要有木枕和钢筋混凝土枕两种。木枕的特点是弹性好，质量小，铺设更换方便；但消耗木材，使用寿命短。钢筋混凝土枕的特点是使用寿命长，稳定性能高，养护工作量小等。轨枕的外观如图 1-18 所示。

（a）木枕

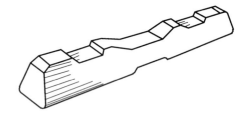
（b）钢筋混凝土枕

图 1-18 轨枕

7．道 岔

道岔是使机车车辆从一股道转入另一股道的线路连接设备，也是轨道的薄弱环节之一。在车站上大量铺设，应用最广泛的是单开道岔。道岔主要由转辙器、辙叉及护轨和连接部分等组成，如图 1-19 所示。常见道岔的参数指标如表 1-6 所示。

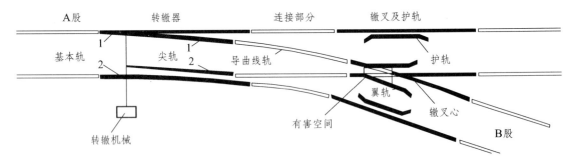

图 1-19 普通单开道岔

表 1-6 常用道岔的参数指标

道岔号数（N）	辙叉角（α）	导曲半径/m	道岔全长/m	侧向允许通过速度/（km/h）
9	6°20′25″	180	28.848	30
12	4°45′49″	330	36.815	45
18	3°10′12.5″	800	54	80

8．限　界

限界是指为了确保机车车辆在铁路线路上运行的安全，防止机车车辆撞击邻近线路的建筑物和设备，而对机车车辆和接近线路的建筑物、设备所规定的不允许超越的轮廓尺寸线。铁路部门为超限货物运输而制定的超限限界图以及站场设计与限界有关的规定，都以铁路限界为依据，限界包括基本限界和超限限界，如图 1-20 和图 1-21 所示。

（1）基本限界。

① 机车车辆限界：机车车辆横断面的最大极限。

② 建筑接近限界：是一个和线路中心线垂直的横断面。

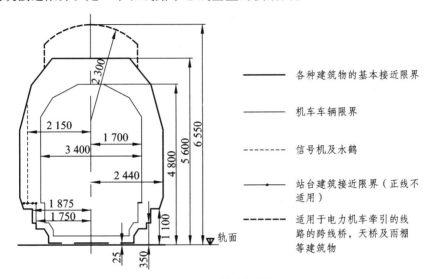

图 1-20　基本限界

（2）超限限界。

货物任何部分的高度和宽度超过机车车辆限界时，称为超限限界。根据货物超限的程度可分为一级超限、二级超限、超级超限，如图 1-21 所示。

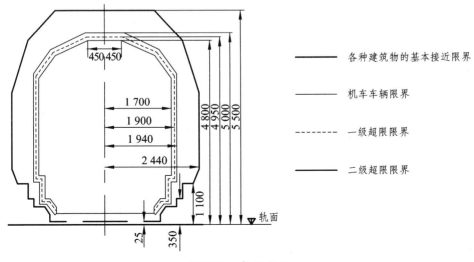

图 1-21　超限限界

二、铁路站场基础知识

车站既是铁路办理客、货运输的基地，又是铁路系统的一个基层生产单位。在车站上，除办理旅客和货物运输的各项作业以外，还办理和列车运行有关的各项工作。为了完成上述作业，车站上设有客货运输设备及与列车运行有关的各项技术设备，并配备了客运、货运、行车、装卸等方面的工作人员。

为了保证行车安全和必要的线路通过能力，满足人们对运输的需求，必须通过分界点将一条线路划分成若干个区段和许多个区间及闭塞分区。分界点包括车站(设有配线的分界点)、线路所与通过信号机（无配线的分界点），如图1-22所示。

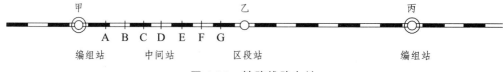

图 1-22　铁路线路车站

1．区　间

区间按空间分类分为站间区间、所间区间和闭塞分区。车站与车站之间的区间称为站间区间；车站与线路所之间的区间称为所间区间；自动闭塞区段上通过色灯信号机之间的段落称为闭塞分区，如图1-23和图1-24所示。

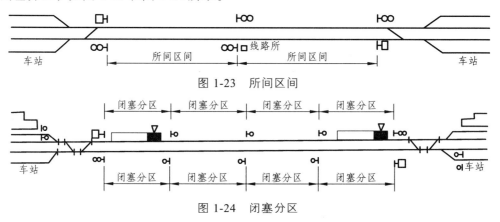

图 1-23　所间区间

图 1-24　闭塞分区

2．车　站

（1）车站分类。

根据车站所担负的任务量和在国家政治、经济上的地位，车站共分为6个等级，包括特等站、一、二、三、四、五等站。按车站技术作业的不同，车站可分为编组站、区段站、中间站。按业务性质不同，车站又分为货运站、客运站、客货运站和非营业站。

（2）车站线路种类。

① 正线：连接车站并贯穿车站或直股伸入车站的线路。

② 段管线：铁路机务段、车辆段、工务段和电务段等专用并管理的线路。

③ 特定用途线：为保证安全而设置的安全线和避难线。

④ 到发线：供接发旅客和货物列车的线路。

⑤ 货物线：用于货物装卸作业的货车停留线路。

⑥ 调车线、牵出线：用于车列解体和编组并存放车辆的线路。

⑦ 岔线：在区间或站内接轨，通向路内、外单位的专用线路。

⑧ 指定用途的其他线路：机车走行线、机待线、车辆站修线、驼峰迂回线及驼峰禁溜线等。

线间距是指两相邻线路中心线之间的距离。线间距应能保证行车和车站工作人员工作时的安全，它是根据铁路限界、线路是否通过装载超限货物的列车，以及股道是否装设信号机、水鹤等设备，并考虑留有适当的余地来确定的。站内正线与到发线之间、正线和到发线与其他站线之间的最小线间距为 5 m；相邻两股道均需通过超限货物列车、线间设有高柱信号机时，最小线间距应为 5.3 m；此外，复线区间正线的最小线间距规定为 4 m，曲线部分的线间距应根据计算进行适当加宽。

（3）站界与警冲标。

为保证行车安全和分清工作责任，车站和它两端所衔接的区间应有明确的界限。在单线铁路上，车站的范围以两端进站信号机柱的中心线为界，外方是区间，内方则属于车站，通常称为"站界"。在复线铁路上，站界是按上下行正线分别确定的，即一端以进站信号机柱中心线，另一端以站界标的中心线为界。

警冲标是信号标志的一种，设在两会合线路线间距离为 4 m 的中间，用来指示机车车辆的停留位置，防止机车车辆的侧面冲撞，如图 1-25 所示。

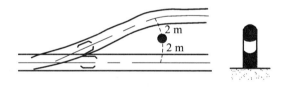

图 1-25　警冲标

（4）股道和道岔编号。

为了作业和维修管理上的方便，站内线路和道岔应有统一的编号。

① 股道编号方法。

站内正线规定用罗马数字编号（Ⅰ，Ⅱ…），站线用阿拉伯数字编号（1，2，3…）。

a. 在单线铁路上，应当从站舍一侧开始顺序编号。位于站舍左、右或后方的线路，在站舍前的线路编完后，再由正线方向起，向远离站舍顺序编号，如图 1-26 所示。

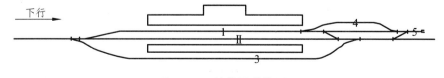

图 1-26　单线股道编号

b. 在复线铁路上，下行正线一侧用单数，上行正线一侧用双数，从正线向外顺序编号，如图 1-27 所示。

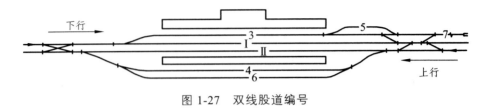

图 1-27　双线股道编号

c. 尽头式车站，站舍位于线路一侧时，从靠近站舍的线路起，向远离站舍方向顺序编号。站舍位于线路终端时，面向终点方向由左侧线路起顺序向右编号，大站上股道较多，应分别按车场各自编号，如图 1-28 所示。

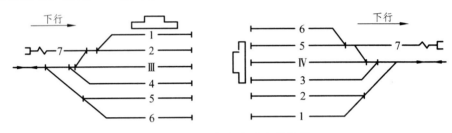

图 1-28　尽头式车站股道编号

② 道岔编号方法。

a. 用阿拉伯数字从车站两端由外向里依次编号。上行列车到达一端用双数，下行列车到达一端用单数。

b. 站内道岔，通常以车站站台中心线作为划分单数号与双数号的分界线。

单线和双线车站站内道岔编号，如图 1-29 和图 1-30 所示。

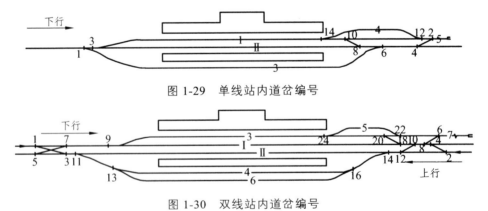

图 1-29　单线站内道岔编号

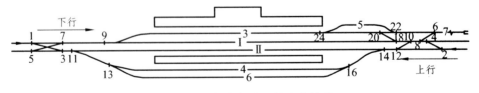

图 1-30　双线站内道岔编号

c. 每一道岔均应编为单独的号码，对于渡线、交分道岔等处的联动道岔，应编为连续的单数或双数，如 1 和 3，2 和 4 等连续编号，如图 1-31 所示。

图 1-31　双线站内联运道岔的编号

d. 当车站有几个车场时，每一车场的道岔必须单独编号，此时道岔号码应使用三位数字，百位数字表示车场号码，个位和十位数字表示道岔号码。应当避免在同一车站内有相同的道岔号码。

（5）股道全长和有效长。

车站线路的长度可分为全长和有效长两种。线路全长是指线路一端的道岔基本轨接头至另一端的道岔基本轨接头的长度。有效长是指在线路全长范围内可以停留机车车辆而不妨碍邻线行车的部分，如图1-32所示。

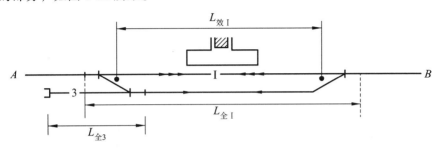

图 1-32　股道全长和有效长

确定线路的有效长，主要视线路的用途和连接形式而定。货物列车到发线的有效长，应根据规定的列车长度及列车停车时的附加距离等因素确定，如图1-33所示。

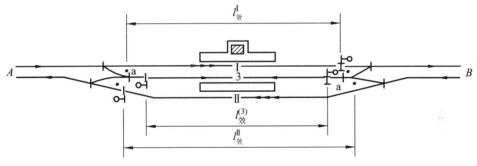

图 1-33　股道有效长的确定

任务三　铁路机车车辆基础知识

一、铁路车辆基础知识

铁路车辆是铁路运输部门用于运送旅客和货物的工具。铁路车辆按用途分为货车和客车两大类。货车按用途分为通用货车（如棚车、敞车、平车）、专用货车（如罐车、冷藏车、集装箱车、长大货车）及特种货车。客车按用途分为运送旅客的车辆（如硬座车、软座车、硬卧车、软卧车）、为旅客服务的车辆（如餐车、行李车）及特种用途的车辆。铁路车辆类型很多，结构各异，但一般均由车体、转向架、车钩缓冲装置、制动装置和车内设备五部分组成。本任务简要介绍车辆基本知识，包括车体、车钩缓冲装置、转向架、制动装置和客车设备等。

1. 货 车

（1）通用货车。

① 棚车（P） 车体具有顶棚、车墙及车窗，可防止雨水浸入车内，用于装载贵重器材及怕日晒和潮湿的货物。有的棚车车内还设有烟囱、床托等装置，必要时可运送人员和马匹。现场称之为盖车。

② 敞车（C） 车体两侧及端部设有 0.8 m 以上的固定墙板，无顶棚，可装运不怕湿损的货物。若装货后盖上防水篷布，也可装运怕湿损的货物。

③ 平车（N） 车体为平板或设有活动墙板，可以装运砂石等。在装长大货物时，可将侧、端板翻下，主要用于装运木材、钢轨、汽车、拖拉机、桥梁、军用特载等货物。

（2）专用货车。

① 罐车（G） 车体为圆筒形，专门用于装载液体、液化气体和压缩气体等货物。

② 冷藏车（B） 车体夹层敷有隔热材料，车内装有冷却和加温装置，使车内保持货物所需的温度。车体外部涂以银灰色，起反射作用，减少太阳辐射侵入车内，用于装运易腐货物如肉类、蔬菜、水果等。

③ 集装箱车（X） 只具有车底架，但比平车底架强度大，专门用于装运集装箱。

④ 矿石车（K） 一般为全钢车体，为卸货方便，有的车体下部做成漏斗形，设底开门，有的整个车体能靠液压或空气压力的作用向一侧倾斜，并可开此边侧门（所以又称自翻车）。

⑤ 长大货物车（D） 供运送长大或高大货物用，充分利用限界高度，无墙板，有的车为一平板，有的车中部凹下或设有落下孔，便于装载。

⑥ 毒品车（W） 全钢结构，具有顶棚，顶棚上装有隔热顶板。外墙为黄色，涂有黑色标记，隔热顶板涂以银灰色，用于运送农药等有毒物品。

⑦ 家畜车（J） 供运送牛、猪等家畜用，车体具有顶棚及车墙，有通风、给水设备等。

⑧ 水泥车（U） 供装运散装水泥用，密封式车体。

⑨ 粮食车（L） 供运送粮食专用。

（3）特种货车。

特种货车是具有特殊用途的车辆，有下列 4 种：

① 救援车：列车发生颠覆成脱轨事故时，排除线路障碍物及修复线路故障使用的车辆，一般编成救援列车，包括起重吊车、修复线路的工具车材料车、救援人员的食宿车等。

② 检衡车：用于鉴定轨道平衡性能的车辆，设有砝码或同时设有操作机器。

③ 发电车：设有动力机械驱动的发电设备的车辆。有单节的，也有由发电车、机修车及发电人员生活用车等合编成的电站式车列，可称为电站车组。发电车用于给列车供电，能作为铁路线流动的发电场，供缺电处所用电。

④ 除雪车：供扫除铁道上积雪用，车上装有专门的扫雪装置，一般由机车推动前进。

2. 客 车

客车是供运送旅客和为旅客服务的车辆或原则上编组在旅客列车中使用的车辆。客车按其用途不同，可分为直接运送旅客的车辆，为旅客服务的车辆和特种用途的车辆三大类。

另外，还有代用客车，用于春运等特殊情况，下面主要介绍用于直接运送旅客的普通旅客车辆。

① 硬座车（YZ）：旅客座位为半硬制品（如泡沫塑料）或木制品的座车。相对的两组座椅中心距离在 1 800 mm 以下的座车，如图 1-34 所示。

② 软座车（RZ）：旅客座位及靠垫设有弹簧装置，相对的两组座椅中心距离在 1 800 mm 以上的座车。

③ 硬卧车（YW）：卧铺为 3 层，铺垫为半硬制品。

④ 软卧车（RW）：卧铺为 2 层，铺垫有弹簧装置，卧室为封闭单间。

图 1-34　硬座车

二、车辆的基本结构

普通车辆上一般无动力装置，必须将车辆连挂在一起，由机车牵引并在线路上运行，才能实现运输。车辆由车体、车钩缓冲装置、转向架、制动装置和车内设备组成。

1．车　体

（1）货车。

① 棚车是一种封闭的车辆，棚车的侧面有敞门，其大小和开闭方式依设计的用途而定。车型多达 60 余种，占货车总数的 20% 左右，如图 1-35 所示。

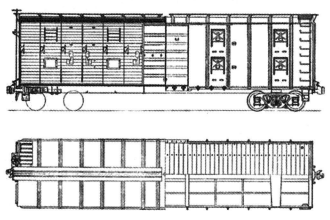

图 1-35　棚车

② 敞车是铁路货车的车种之一，其特色为无盖、四边侧板，其中两边侧板有可翻开的侧门，以方便卸除货物，其结构如图1-36所示。敞车主要供运送煤炭、矿石、矿建物资、木材、钢材等不受环境影响的大宗货物用，也可用来运送质量不大的机械设备。若在所装运的货物上蒙盖防水帆布或其他遮盖物后，可代替棚车承运怕湿的货物。敞车具有很大的通用性，在货车组成中数量最多，目前全路共有敞车约30万辆，约占货车总数的60%以上，主型通用敞车有C61，C62，C62A，C62B，C64K，C70，C70B，C70H，C76H（大秦线编组列车）等。

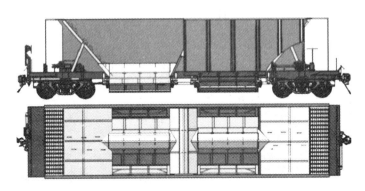

图1-36 敞车

③ 平车主要用于运送钢材、木材、汽车、机械设备等体积或质量较大的货物，也可借助集装箱运送其他货物，其结构如图1-37所示。平车还能适应国防需要，装载各种军用装备。装有活动墙板的平车也可用来装运矿石、沙土、石碴等散粒货物。中国自行设计和制造了多种平车，从结构上来分，主要有平板式和带活动墙板式两种，约占货车总数的5%，担负着一定的铁路运输任务，车型主要有N12，N60，N16和N17等多种，载质量为60 t。

图1-37 平车

④ 长大货物车用来装运体积庞大而又笨重的货物，或体积虽小但质量大的集重货物，例如大型机床、发电机定子、汽轮机转子、轧钢设备、大型变压器、化工合成塔及成套设备。按照车体结构，目前我国现有的长大货物车可分为长大平车、凹型车、落下孔车、钳夹车和上的双支承承载平车5种类型。

a. 长大平车的形状与平车基本相同，只是车体比较长，一般都大于19 m，承载面为一平面，载质量一般在90 t以上，现场通称为大平板车，如图1-38所示。

图 1-38　长大平车

b. 凹型车是载质量较大的车辆，由于转向架的数量和轴数增多，使地板面提高，为了减小净空高度，降低重心，将车底架及装货部分制成凹型，如图 1-39 所示。

图 1-39　凹型车

c. 落下孔车：装运凹型车不能运输的超高货物，这种长大货车称为落下孔车，如图 1-40 所示。

图 1-40　落下孔车

d. 钳夹车：分为两节车体，主梁分为左右两端，待运的货物必须具有足够的强度和刚度，以便承受重量和钳夹力，如图 1-41 所示。

图 1-41　钳夹车

e. 双支承承载平车：主要用于运送长、大、重的筒型长大货物，如图 1-42 所示。

图 1-42　D30G 型载重 370 t 双联平车

⑤ 罐车：在铁路物流中应用的主要铁道车辆之一，是铁道上用于装运气、液、粉等货物的主要专用车型，主要是横卧圆筒形（见图 1-43），也有立置筒形、槽形、漏斗形。罐车分为装载轻油用罐车、黏油用罐车、酸碱类罐车、液化气体罐车、粉状货物罐车等。目前投入运行使用的液化石油气铁路罐车，由车底架、走行部、罐车、装卸阀件、安全阀、紧急切断阀、遮阳罩、操作台、支座等附件组成。

图 1-43　罐车

⑥ 冷藏车：一般具有较大的运输能力，适于长距离的冷藏运输。铁路冷藏车应具有良好的保温性能，通常采用焊接的金属骨架，两侧铺以薄钢板，中间填有热绝缘材料，厢壁厚度约为 200 mm，车顶厚度为 220～250 mm，地板为 200 mm。铁路冷藏车按其冷却方式不同，可分为保温车、机械冷藏车（见图 1-44），以及冷藏列车。

图 1-44　机械冷藏车

（2）客车。

客车是指载运旅客的车辆、为旅客提供服务的车辆以及挂运在旅客列车中的其他用途的车辆。

2．车钩缓冲装置

车钩缓冲装置是使车辆与车辆，机车或动车相互连挂，传递牵引力、制动力并缓和纵向冲击力的车辆部件。它由车钩、缓冲器、钩尾框、从板等组成一个整体，安装于车底架构端的牵引梁内，如图 1-45 所示。

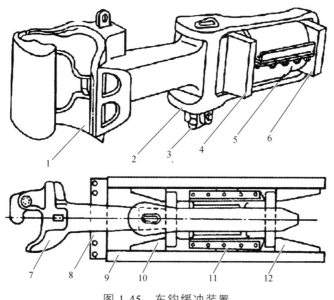

图 1-45 车钩缓冲装置

1—车钩；2—钩尾框；3—钩尾销；4—前从板；5—缓冲器；6—后从板；7—车钩缓冲装置；
8—冲击座或复原装置；9—中梁（牵引梁）；10—前从板座；
11—钩尾框托板；12—后从板座

（1）车钩。

是用来实现机车和车辆或车辆和车辆之间的连挂，传递牵引力及冲击力，并使车辆之间保持一定距离的车辆部件。车钩按开启方式分为上作用式及下作用式两种。通过车钩钩头上部的提升机构开启的叫上作用式（一般货车采用此式）；借助钩头下部推顶杠杆的动作实现开启的叫下作用式（客车采用）。根据铁路运输生产的需要，车钩应具有闭锁、开锁、全开三种作用。

（2）缓冲装置。

用来减小列车运行中由于机车牵引力的变化或起动、制动及调车作业时车辆相互碰撞引起的冲击和振动，从而减小对车体结构和货物的影响，并提高列车运行的平稳性。缓冲器主要包括摩擦式和摩擦橡胶式两种。摩擦式缓冲器利用摩擦体吸收一部分能量，在往复运动中转换成摩擦热散发掉。摩擦橡胶式缓冲器借助于弹性变形时橡胶分子的内摩擦来消耗振动冲击能量。

3．转向架

车辆走行部设在车底架下部，是承受并传递车辆质量，缓和振动，保证车辆安全运行的部分。目前，我国铁道车辆的走行部均采用转向架结构。转向架由轮对轴箱装置、构架、弹簧减振装置等部件组成。

（1）轮对轴箱装置。

轮对是机车车辆上与钢轨相接触的部分，由左右两个车轮牢固地压装在同一根车轴上组成。轮对的作用是保证机车车辆在钢轨上的运行和转向,承受来自机车车辆的全部静、动载荷,把它传递给钢轨,并将因线路不平顺产生的载荷传递给机车车辆各零部件,如图 1-46 所示。

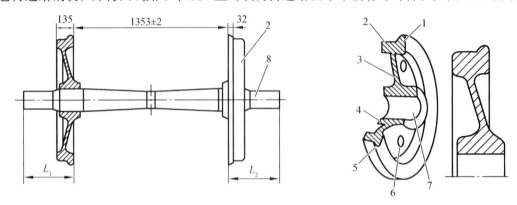

图 1-46 轮对和整体辗钢轮

1—轮辋;2—踏面;3—辐板;4—轮毂;5—轮缘;6—工艺孔;7—轮毂孔;8—车轴

轴箱装置是转向架的重要组成部分之一,其作用是连接轮对与构架,保持轴颈与轴承的正常位置,将车体质量传给轮对,润滑高速转动的轴颈,减少摩擦,降低运行阻力,防止热轴,防止沙尘、雨水等异物进入轴承及轴颈等部分,保证车辆安全运行。轴箱装置按其采用的轴承形式不同,可分为滚动轴承轴箱装置和滑动轴承轴箱装置两种,如图 1-47 所示。

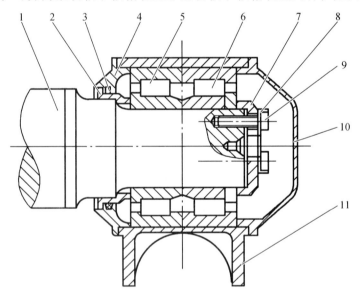

图 1-47 橡胶油封密封式轴箱装置

1—车轴;2—防尘挡圈;3—油封;4—后盖;5、6—轴承;7—压板;
8—防松片;9—螺栓;10—前盖;11—轴箱体

(2)构架。

构架的主要作用是联系转向架各组成部分,传递各方向的载荷以及保持车轴在转向架内的位置,由两根侧梁和一根或多根横梁组成。按结构形式,构架可分为封闭式和开口式两种,开口式构架如图 1-48 所示。

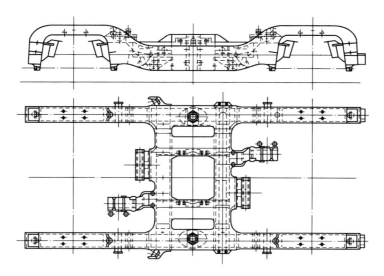

图 1-48 开口式构架

（3）弹簧减振装置。

弹簧减振装置是支撑机车车辆的车体在轴箱、侧架或均衡梁上的装置。弹簧悬挂装置主要由弹簧和减振器两部分组成，它的主要作用是当机车车辆行经线路不平顺处或因轮对缺陷而发生振动和冲击时，可以缓和冲击、衰减振动，使同一转向架的各轮对之间质量分配适当，使各轮对的轮载荷在各种线路条件下，不致相差过大。弹簧悬挂装置因所在位置不同而有不同的名称。安装在转向架轴箱或均衡梁和构架之间的称为轴箱悬挂装置，又称第一系悬挂装置，如图 1-49 所示。安装在转向架构架（或侧架）和摇枕（或构架和车体）之间的称为摇枕弹簧装置或中央弹簧装置，又称第二系悬挂装置。仅有第一系或第二系悬挂装置的转向架，称为一系悬挂装置转向架；具有第一系和第二系悬挂装置的转向架称为两系悬挂装置转向架。货车转向架通常采用一系弹簧悬挂装置，客车转向架和柴油机车、电力机车转向架通常采用两系弹簧悬挂装置。转向架常用的弹簧主要有板弹簧、螺旋弹簧、橡胶弹簧和空气弹簧（见图 1-50）。为了吸收振动过程中的能量，通常在弹簧悬挂装置中装有减振器。最常用的减振器有摩擦减振器和液压减振器（见图 1-51）。

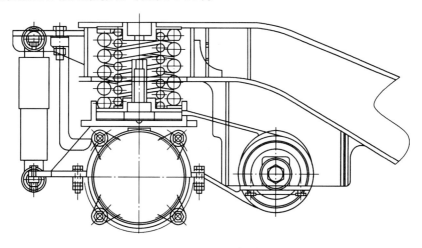

图 1-49 一系悬挂装置

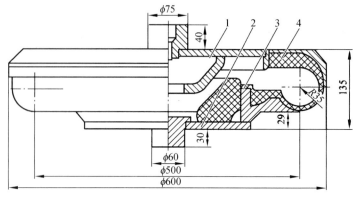

图 1-50 空气弹簧

1—上盖；2—下盖；3—碗形橡胶垫；4—橡胶囊

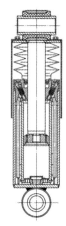

图 1-51 液压减振器

（4）基础制动装置。

基础制动装置是指机车车辆制动装置中，在制动缸活塞推杆之后至闸瓦以及其间，由一系列杠杆、拉杆、制动梁等传动部分所组成的装置。它是制动系统的组成部件之一。它的主要作用是把充入制动缸的压缩空气在活塞上产生的推动力增大若干倍以后均匀地传给各个闸瓦，使之压紧车轮而产生制动作用。机车制动机中，司机通过操纵阀来实现机车车辆制动和缓解作用。其中用来操纵全列车制动和缓解的制动阀称为自动制动阀。用来单独操纵机车的制动和缓解作用的制动阀称为单独制动阀，如图 1-52 所示。

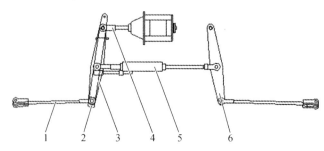

图 1-52 基础制动装置

1—拉杆；2—控制杠杆；3—前制动杠杆；4—推杆；5—闸调器；6—后制动杠杆

任务四　铁路相关知识

一、阶段计划的主要内容

阶段计划是保证实现班计划的行动计划，内容主要包括：

（1）各方向到达列车车次、时分、机车型号、机车号、进入场别、占用线别、编组内容、解体顺序和起止时分。

（2）发往各方向的列车车次、时分、机车交路、机车型号、机车号、编组内容、车流来源、占用发车场别、线别、编组作业起止时分。

（3）各货场及专用线别的卸车数、品名、收货人、送车时间、卸空时间、空车用途。

（4）各货场及专用线别的装车数、车种、品名、到站、空车来源、送入时间、装完时间、挂运车次。

（5）装载重点军用、超限超重、剧毒品等特种货物的车辆加挂车次、辆数、编挂限制。

（6）中转列车成组甩挂车次、时间、辆数、去向。

（7）各场（区）及货场、专用线间的车辆（包括检修、洗刷、倒装等车辆）的交换次数、取送地点、时间、辆数。

（8）客车底取送及摘挂的车次、时间、地点、车种、辆数。

（9）调车机运用和整备计划，驼峰解体、牵出线编组及取远作业的安排。

（10）施工和维修计划。

由此可见，阶段计划是班计划的进一步具体化，编制阶段计划时，应根据本站作业的特点，结合本阶段的工作重点进行全面细致的安排，按照列车编组计划的要求，把车流及时变成各种列车。按列车运行图发车是车站工作的中心，编制阶段计划时应围绕这一中心安排调车机车、到发线和其他设备的运用。

阶段计划格式如图 1-53 所示。

二、列车运行图知识认知

列车运行图是列车运行的图解，是用以表示列车在铁路区间运行及在车站到发或通过时刻的技术文件，是全路组织列车运行的基础。它规定了各次列车占用区间的顺序，列车在区间的运行时分，列车在各个车站的到达、出发（通过）时刻，列车的会让、越行，列车的质量和长度标准，机车交路等。

列车运行图事实上规定了与列车运行有关的各部门的工作。车站根据列车运行图所规定的列车到达和出发时刻，安排车站的行车工作、调车工作和全站的运输工作计划；机务部门根据运行图的需要，确定每天需要派出的机车台数、派出时刻，并安排机车的整备和乘务员的作息计划；供电等部门应按列车运行图的要求组织施工及维修工作等。因此，列车运行图既是行车组织工作的基础，又是联系各部门工作的纽带，也是铁路运营管理工作的综合性计划。列车运行图如图 1-54 所示。

图 1-53 是一张复杂的阶段计划格式图表。

表头时间列：18点结存 | 6/18 | 7/19 | 8/20 | 9/21 | 10/22 | 11/23 | 12/0 | 13/1

左侧行分类：

列车列发
- 甲 方向 ————— 乙站
- 丙 方向

列车编组内容

到发场
- I
- II
- 3
- 4
- 6
- 7

牵出线
- I
- II

调车线
- 8 甲及其以远
- 9 乙—甲间
- 10 丙及其以远 / 空车
- 11 乙—丙间
- 12 特种车
- 13 本站卸车
- 14 站修线

装卸地点
- 货场
- 机务段

调剂状态

图中主要数据标注（列车车次等）：30051、41012、21010、41001、31038、21009、30053、31031、21011、30052、21012、30052、2532、2531、31040、31033、41003 等。

列车编组内容栏：甲/56、丙/25、乙—丙/21、乙/10、甲/45、丙/56、丙/35、乙—甲/11、乙/10、丙/56、甲/56、甲/30、乙—甲/15、乙/10。

到发场数据：I 2530/3；II 2/2532/8；3 8/21010/8、5/21009/5、8/21011/5；4 0/30051/0、0/21012/0、31040；6 乙—甲/43（作业车）10、41012/5、31031、30053、5、31033/5；7 0/41001/5、0/31038、30052/5、0/41003。

牵出线：I —41001/0、—30051/0、—31031、—31038、—30052、—30053、—31033/0、+41003/0。

调车线：
- 8 甲及其以远：21、21、21、21、66/10、10、10、10
- 9 乙—甲间：5、14、14、14、14、25、25、25、25
- 10 丙及其以远：21、31、56/0、35、35/0；空车：C20、C20、C20、C20
- 11 乙—丙间：30/0、21、21、21、21、31、31、31/0
- 13 本站卸车：10 货场、10/0、10、10、10、20/0

装卸地点：
- 货场：待装丙/9、乙—甲/10、29、29/10、10、10、10、10、30、30、30
- 机务段：待卸C20、C20、C20、C20/0

调剂状态：+41001、货场QZ、—30051、+31031、饥Q J、—31038+30052、—30053、货场Z 整场、+31033、+41003、C F

图 1-53　阶段计划格式

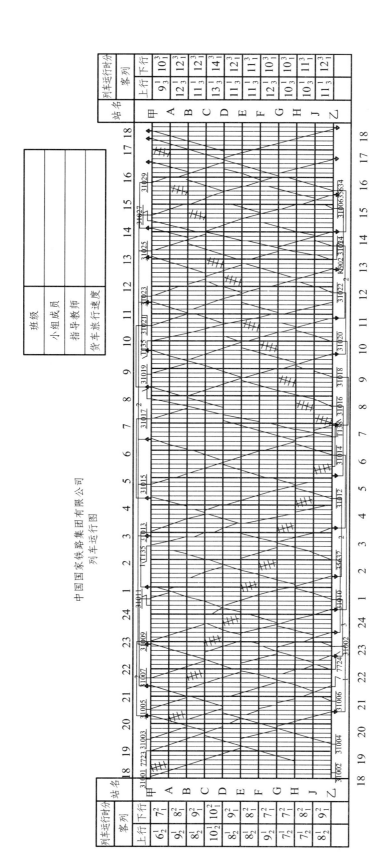

图 1-54　列车运行图举例

课后习题

1. 信号机有哪些分类？信号机位置的设置有哪些基本要求？
2. 简述进站信号机的灯光配列。它的显示意义有哪些？
3. 联锁图表的内容有哪些？
4. 简述铁路线路的概念。它是如何划分等级的？
5. 轨道基本构成是哪些？
6. 通用货车包括哪些？
7. 转向架由哪些部分构成？各部分的作用是什么？

项目二　AutoCAD 基本操作和环境设置

一、项目描述

计算机已成为人们生活和工作的重要工具，计算机应用技能也成为我们必须掌握的基本技能。随着计算机技术的迅猛发展，计算机辅助设计绘图已成为现代设计的重要组成部分，而 AutoCAD 作为计算机辅助设计绘图软件，以其方便快捷、功能强大而得到广大用户的认可。

二、教学目标

1．知识目标

（1）掌握 AutoCAD 的安装。
（2）掌握 AutoCAD 的启动和退出。
（3）熟悉 AutoCAD 的界面。
（4）了解 AutoCAD 的界面设置的意义。

2．技能目标

（1）熟悉键盘和鼠标在 AutoCAD 中的运用。
（2）掌握 AutoCAD 的界面设置。
（3）掌握 AutoCAD 的整体界面。

3．素质目标

（1）整体熟悉 AutoCAD 的基础。
（2）熟练记忆 AutoCAD 的快捷键。
（3）掌握 AutoCAD 左右手工作量的分配。

任务一　AutoCAD 的安装和启动

一、Autodesk 公司与 CAD 软件

1．Autodesk 公司简介

Autodesk 公司的中文名称为欧特克，公司总部位于美国加利福尼亚州圣拉斐尔市，是一

家世界领先的设计软件和数字内容创建公司，始建于 1982 年，公司商标如图 2-1 所示。

欧特克有限公司是全球最大的二维和三维设计、工程与娱乐软件公司，为制造业、工程建设行业、基础设施业以及传媒娱乐业提供卓越的数字化设计、工程与娱乐软件服务及解决方案。欧特克针对最广泛的应用领域研发出多种设计、工程和娱乐软件解决方案，帮助用户在设计转化为成品前体验自己的创意。通过借助欧特克的软件进行设计、可视化并对产品和项目在真实世界中的性能表现进行仿真分析，从而提高生产效率、有效地简化项目并实现利润最大化，把创意转变为竞争优势。

图 2-1　Autodesk 公司商标

2．CAD 软件发展历程

CAD 诞生于 20 世纪 60 年代，是美国麻省理工学院提出的交互式图形学的研究计划。由于当时硬件设施昂贵，只有美国通用汽车公司和美国波音飞机公司使用自行开发的交互式绘图系统。

20 世纪 70 年代，小型计算机费用下降，美国工业界才开始广泛使用交互式绘图系统。

20 世纪 80 年代，由于 PC 机的应用，CAD 得以迅速发展，出现了专门从事 CAD 系统开发的公司。当时 VersaCAD 是专业的 CAD 制作公司，所开发的 CAD 软件功能强大，但由于其价格昂贵，故没有得到普遍应用。而当时的 Autodesk 公司是一个仅有员工数人的小公司，其开发的 CAD 系统虽然功能有限，但因其可免费拷贝，故被广泛应用。同时，由于系统的开放性，该 CAD 软件升级迅速。

设计者很早就开始使用计算机进行计算。有人认为伊凡·萨瑟兰郡 1963 年在麻省理工学院开发的 SKETCHPAD 画板是一个转折点。SKETCHPAD 的突出特性是它允许设计者用图形方式和计算机交互：设计者可以用一枝光笔在阴极射线管屏幕上绘制图形到计算机里。实际上，这就是图形化用户界面的原型，而这种界面是现代 CAD 不可或缺的特性。

CAD 最早的应用是在汽车制造、航空航天以及电子工业的大公司中。随着计算机变得更便宜，应用范围也逐渐变广，CAD 的实现技术从那个时候起经过了许多演变。这个领域刚开始的时候主要被用于产生和手绘的图纸相仿的图纸。计算机技术的发展使得计算机在设计活动中得到更有技巧的应用。如今 CAD 已经不仅仅用于绘图和显示，它开始进入设计者专业知识的更智能的部分。

随着计算机技术的日益发展，软硬件性能不断提升，价格不断下降，许多公司已采用立体的绘图设计。以往，碍于计算机性能的限制，绘图软件只能停留在平面设计，欠缺真实感，而立体绘图则冲破了这一限制，令设计蓝图更实体化，3D 图纸绘制也能够表达出 2D 图纸无法绘制的曲面，能够更充分表达设计师的意图。

二、AutoCAD 安装与启动

1．AutoCAD 安装

以 AutoCAD 2019 为例，首先下载 AutoCAD 2019，如图 2-2 所示。

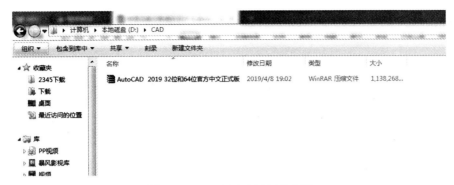

图 2-2　AutoCAD 2019 客户端

（1）解压 AutoCAD 2019 中文版软件，如图 2-3 所示。

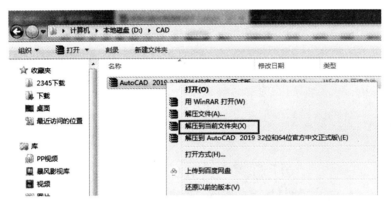

图 2-3　解压 AutoCAD 2019 客户端

（2）开始安装，双击解压文件的 cadSetup.exe，如图 2-4 所示。

图 2-4　双击安装 AutoCAD 2019 客户端

解压缩至 C 盘，若 C 盘空间不够，可解压至其他盘，并新建文件夹，如图 2-5 所示。

图 2-5　解压 AutoCAD 2019 客户端

（3）安装 AutoCAD 2019 中文版向导，如图 2-6 所示。

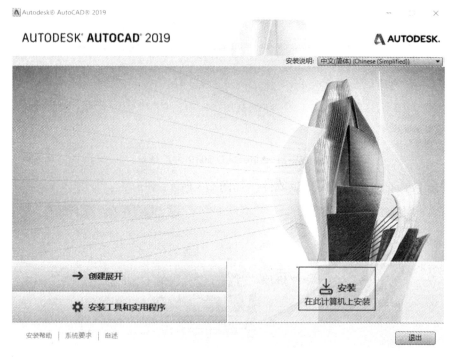

图 2-6　安装 AutoCAD 2019 向导

（4）进入 AutoCAD 2019 协议界面，选择"我接受"，然后点击"下一步"，如图 2-7 所示。

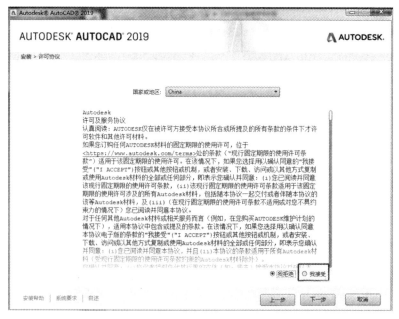

图 2-7　AutoCAD 2019 协议界面

（5）选择安装位置，若 C 盘空间不足，可安装至其他盘，并点击"安装"键，继续安装，如图 2-8 所示。

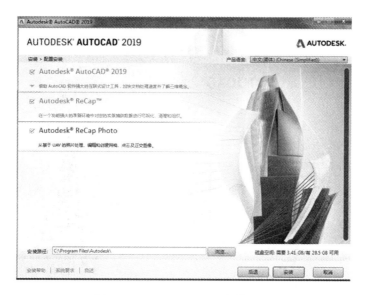

图 2-8　AutoCAD 2019 安装界面

（6）AutoCAD 2019 安装完毕，会提示是否重启，如图 2-9 所示。

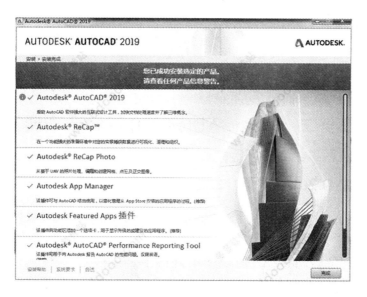

图 2-9　AutoCAD 2019 客户端安装完成

2．AutoCAD 启动

（1）双击桌面 AutoCAD 2019 图标，启动 CAD 软件，如图 2-10 所示。

图 2-10　AutoCAD 2019 图标

（2）选择 AutoCAD 2019 工作空间，如图 2-11 所示。

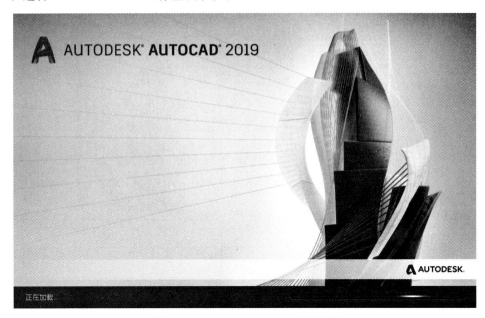

图 2-11　AutoCAD 2019 工作空间

以上操作完成了 AutoCAD 2019 的安装与启动，下一个任务为 AutoCAD 2019 界面介绍。

任务二　AutoCAD 界面介绍和选项调节

一、AutoCAD 2019 界面介绍

AutoCAD 2019 界面主要由标题栏、菜单栏、工具栏、绘图窗口、命令栏和状态栏等组成，如图 2-12 所示。

① 标题栏。记录了 AutoCAD 的标题和当前文件的名称。

② 菜单栏。它是当前软件命令的集合。

③ 工具栏。包括标准工具栏、图层工具栏、对象工具栏、绘图工具栏、修改工具栏、样式工具栏等。

④ 绘图窗口：就是工作界面。

⑤ 模型和布局：通常在模型空间中设计图纸，在布局中打印图纸。

⑥ 命令行是供用户通过键盘输入命令的地方，位于窗口下方，使用"F2"可以显示命令行全部的操作。

⑦ 状态栏：左侧为信息提示区，用以显示当前光标指针的坐标值和工具按钮提示信息等；右侧为功能按钮区，单击不同的功能按钮，可以开启对应功能，提高绘图速度。

注：在工具栏空白处点击鼠标右键，子菜单中包含所有 CAD 工具。

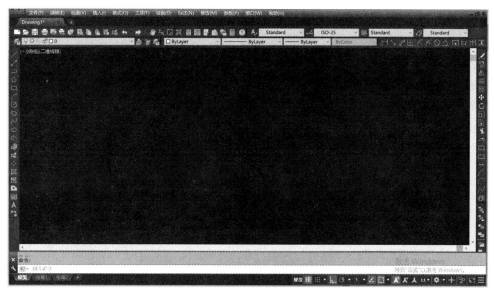

图 2-12　AutoCAD 2019 界面

1. 标题栏

标题栏位于应用程序窗口的最上面，用于显示当前正在运行的程序名及文件名等信息，如果是 AutoCAD 默认的图形文件，其名称为 Drawing1.dwg。鼠标左键单击标题栏右端的按钮，可以最小化、最大化或关闭应用程序窗口。标题栏最左边是应用程序的小图标，单击它将会弹出一个 AutoCAD 窗口控制下拉菜单，可以执行最小化或最大化窗口、恢复窗口、移动窗口、关闭 AutoCAD 等操作。

2. 菜单栏与快捷菜单

中文版 AutoCAD 2019 的菜单栏由"文件""编辑""视图"等菜单组成，几乎包括了 AutoCAD 中全部的功能和命令。

快捷菜单又称为上下文相关菜单。在绘图区域、工具栏、状态行、模型与布局选项卡以及一些对话框上右击时，将弹出一个快捷菜单，该菜单中的命令与 AutoCAD 当前状态相关。使用它们可以在不启动菜单栏的情况下快速、高效地完成某些操作，如图 2-13 所示。

图 2-13　AutoCAD 2019 菜单栏与快捷菜单

3．工具栏

工具栏是应用程序调用命令的另一种方式，它包含许多由图标表示的命令按钮。在 AutoCAD 中，系统共提供了 20 多个已命名的工具栏。默认情况下，"标准""属性""绘图"和"修改"等工具栏处于打开状态。如果要显示当前隐藏的工具栏，可在任意工具栏上右击，此时将弹出一个快捷菜单，通过选择命令可以显示或关闭相应的工具栏，如图 2-14 所示。

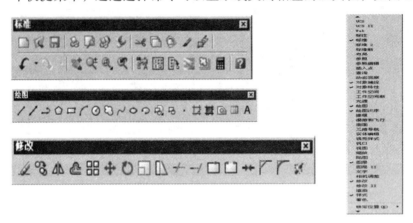

图 2-14　AutoCAD 2019 工具栏

4．绘图窗口

在 AutoCAD 中，绘图窗口是用户绘图的工作区域，所有的绘图结果都反映在这个窗口中。用户可以根据需要关闭其周围和里面的各个工具栏，以增大绘图空间。如果图纸比较大，需要查看未显示部分时，可以单击窗口右边与下边滚动条上的箭头，或拖动滚动条上的滑块来移动图纸。

在绘图窗口中除了显示当前的绘图结果外，还显示了当前使用的坐标系类型以及坐标原点、X 轴、Y 轴、Z 轴的方向等。默认情况下，坐标系为世界坐标系（WCS）。绘图窗口的下方有"模型"和"布局"选项卡，单击其标签可以在模型空间或图纸空间之间来回切换，如图 2-15 所示，图中的黑色区域即为绘图窗口。

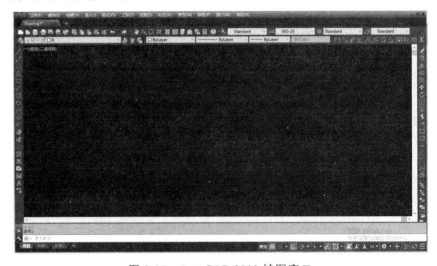

图 2-15　AutoCAD 2019 绘图窗口

5．命令行与文本窗口

"命令行"窗口位于绘图窗口的底部，用于接收用户输入的命令，并显示 AutoCAD 提示信息。在 AutoCAD 2019 中，"命令行"窗口可以拖放为浮动窗口。

"AutoCAD 文本窗口"是记录 AutoCAD 命令的窗口，是放大的"命令行"窗口，它记录了已执行的命令，也可以用来输入新命令。在 AutoCAD 2019 中，可以选择"视图"|"显示"|"文本窗口"命令、执行"TEXTSCR"命令或按"F2"键来打开 AutoCAD 文本窗口，它记录了对文档进行的所有操作，如图 2-16 所示。

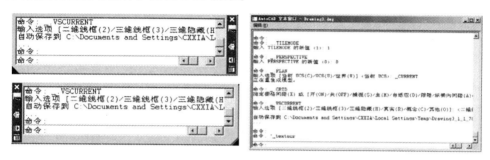

图 2-16　AutoCAD 2019 命令行与文本窗口

6．状态栏

状态栏用来显示 AutoCAD 当前的状态，如当前光标的坐标、命令和按钮的说明等。在绘图窗口中移动光标时，状态栏的"坐标"区将动态地显示当前光标所在位置的坐标值。坐标显示取决于所选择的模式和程序中运行的命令，共有"相对""绝对"和"无"3 种模式。状态栏中还包括如"捕捉""栅格""正交""极轴""对象捕捉""对象追踪""DUCS""DYN""线宽""模型"（或"图纸"）10 个功能按钮，如图 2-17 所示。

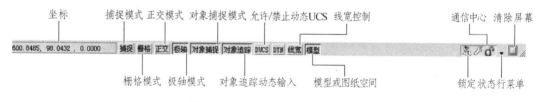

图 2-17　AutoCAD 2019 状态栏

二、AutoCAD 2019 基础操作

1．图形文件管理

在 AutoCAD 2019 中，图形文件管理包括创建新的图形文件、打开已有的图形文件、关闭图形文件以及保存图形文件等操作。

（1）创建新图形文件。

选择"文件"|"新建"命令（NEW），创建新图形文件，此时将打开"选择样板"对话框。在"选择样板"对话框中，可以在"名称"列表框中选中某一样板文件，这时在其右面的"预览"框中将显示出该样板的预览图像。单击"打开"按钮，可以以选中的样板文件为样板创建新图形，此时会显示图形文件的布局，如图 2-18 所示。

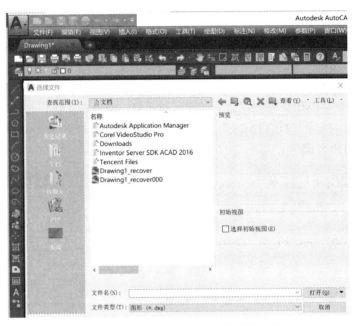

图 2-18 AutoCAD 2019 新建图形文件

　　如果不需要输入模板，也可以直接按下键盘"CTRL+N"，然后在对话框的右下角选择"公制"即可，如图 2-19 所示。

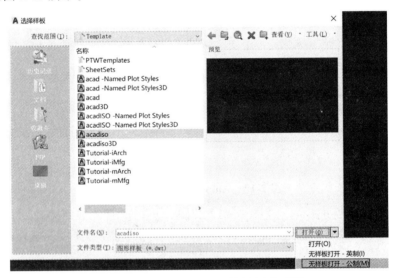

图 2-19 AutoCAD 2019 快捷新建图形

　　（2）打开图形文件。

　　选择"文件"|"打开"命令（OPEN），或在"标准"工具栏中单击"打开"按钮，可以打开已有的图形文件，此时将打开"选择文件"对话框。选择需要打开的图形文件，在右面的"预览"框中将显示出该图形的预览图像。

　　在 AutoCAD 中，可以以"打开""以只读方式打开""局部打开"和"以只读方式局部打开"4 种方式打开图形文件。当以"打开""局部打开"方式打开图形时，可以对打开的图形进行编辑。如果以"以只读方式打开""以只读方式局部打开"方式打开图形，则无法对打开的图形进行编辑。如果选择以"局部打开""以只读方式局部打开"打开图形，这时将打开"局部打开"对话框，如图 2-20 所示，或者直接按"CTRL+O"即可打开文件。

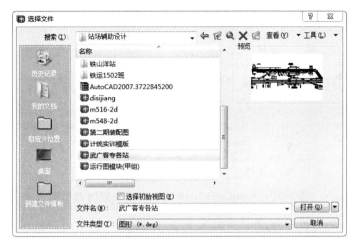

图 2-20　AutoCAD 2019 打开图形

（3）保存图形文件。

在 AutoCAD 中，可以使用多种方式将所绘图形以文件形式存入磁盘。例如，可以选择"文件"|"保存"命令（QSAVE），或在"标准"工具栏中单击"保存"按钮，以当前使用的文件名保存图形；也可以选择"文件"|"另存为"命令（SAVEAS），将当前图形以新的名称保存。

在第一次保存创建的图形时，系统将打开"图形另存为"对话框，如图 2-21 所示。

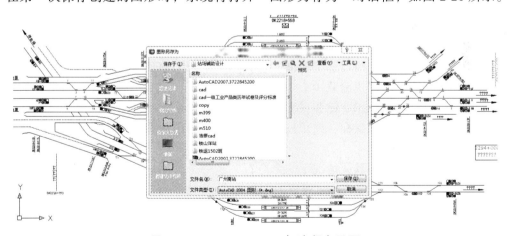

图 2-21　AutoCAD 2019 初次保存界面

（4）关闭图形文件。

选择"文件"|"关闭"命令（CLOSE），或在绘图窗口中单击"关闭"按钮，可以关闭当前图形文件。如果当前图形没有存盘，系统将弹出 AutoCAD 警告对话框，询问是否保存文件。此时，单击"是（Y）"按钮或直接按"Enter"键，可以保存当前图形文件并将其关闭；单击"否（N）"按钮，可以关闭当前图形文件但不存盘；单击"取消"按钮，取消关闭当前图形文件操作，即不保存也不关闭。

如果当前所编辑的图形文件没有命名，那么单击"是（Y）"按钮后，AutoCAD 会打开"图形另存为"对话框，要求用户确定图形文件存放的位置和名称，如图 2-22 所示。

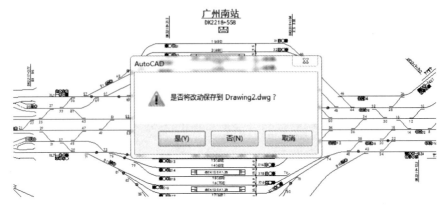

图 2-22　AutoCAD 2019 未初次保存关闭对话框

2．AutoCAD 2019 使用命令与系统变量

在 AutoCAD 中，菜单命令、工具按钮、命令和系统变量大都是相互对应的。可以选择某一菜单命令，或单击某个工具按钮，或在命令行中输入命令和系统变量来执行相应命令。可以说，命令是 AutoCAD 绘制与编辑图形的核心。

（1）使用鼠标操作执行命令。

在绘图窗口中，光标通常显示为"十"字线形式。当光标移至菜单选项、工具栏或对话框内时，它会变成一个箭头。无论光标是"十"字线形式还是箭头形式，当单击或者按动鼠标键时，都会执行相应的命令或动作。在 AutoCAD 中，鼠标键是按照下述规则定义的。

拾取键：通常指鼠标左键，用于指定屏幕上的点，也可以用来选择 Windows 对象、AutoCAD 对象、工具栏按钮和菜单命令等。

回车键：指鼠标右键，相当于"Enter"键，用于结束当前使用的命令，此时系统将根据当前绘图状态而弹出不同的快捷菜单。

弹出菜单：当使用"Shift"键和鼠标右键的组合时，系统将弹出一个快捷菜单，用于设置捕捉点的方法。对于三键鼠标，弹出按钮通常是鼠标的中间按钮。

（2）使用命令行。

在 AutoCAD 2019 中，默认情况下"命令行"是一个可固定的窗口，可以在当前命令行提示下输入命令、对象参数等内容。对于大多数命令，"命令行"中可以显示执行完的两条命令提示，而对于一些输出命令，例如 TIME、LIST 命令，需要在放大的"命令行"或"AutoCAD 文本窗口"中才能完全显示。

在"命令行"窗口中右击，AutoCAD 将显示一个快捷菜单。通过它可以选择最近使用过的 6 个命令、复制选定的文字或全部命令历史记录、粘贴文字，以及打开"选项"对话框。在命令行中，还可以使用"BackSpace"或"Delete"键删除命令行中的文字；也可以选中命令历史，并执行"粘贴到命令行"命令，将其粘贴到命令行中。

（3）使用透明命令。

在 AutoCAD 中，透明命令是指在执行其他命令的过程中可以执行的命令。常使用的透明命令多为修改图形设置的命令、绘图辅助工具命令，例如"SNAP""GRID""ZOOM"等。

要以透明方式使用命令，应在输入命令之前输入单引号（'）。命令行中，透明命令的提示前有一个双折号（》）。完成透明命令后，将继续执行原命令。

（4）使用系统变量。

在 AutoCAD 中，系统变量用于控制某些功能和设计环境、命令的工作方式，它可以打开或关闭捕捉、栅格或正交等绘图模式，设置默认的填充图案，或存储当前图形和 AutoCAD 配置的有关信息。

系统变量通常是 6～10 个字符长的缩写名称。许多系统变量有简单的开关设置。例如，"GRIDMODE"系统变量用来显示或关闭栅格，当在命令行的"输入 GRIDMODE 的新值 <1>:"提示下输入 0 时可以关闭栅格显示，输入 1 时可以打开栅格显示。有些系统变量则用来存储数值或文字，例如"DATE"系统变量用来存储当前日期。

可以在对话框中修改系统变量，也可以直接在命令行中修改系统变量。例如，要使用"ISOLINES"系统变量修改曲面的线框密度，可在命令行提示下输入该系统变量名称并按"Enter"键，然后输入新的系统变量值并按"Enter"键即可，详细操作如下：

命令：ISOLINES（输入系统变量名称）

输入 ISOLINES 的新值 <4>: 32（输入系统变量的新值）

3．设置参数选项

通常情况下，安装好 AutoCAD 2019 后就可以在其默认状态下绘制图形，但有时为了提高绘图速度，用户需要在绘制图形前先对系统参数进行必要的设置。

选择"工具"|"选项"命令（OPTIONS），可打开"选项"对话框。在该对话框中包含"文件""显示""打开和保存""打印和发布""系统""用户系统配置""草图""三维建模""选择"和"配置"10 个选项卡，具体的调整如下说明。

（1）选项调节。

键盘输入"OP"，然后按压空格键（后面统一用↓来表示空格键），此时要注意输入法为英文默认，不可在中文输入法条件下按压字母。

① 将选项对话框点击至显示栏，然后十字光标由默认的 5 调至 100 处，如图 2-23 所示。

图 2-23　调整十字光标

② 将选项对话框点击至用户系统配置栏，再点击"自定义右键单击"，如图 2-24 所示。

图 2-24　用户系统配置

③ 将用户系统配置对话框中，点选两个"重复上一个命令"和"确认"，然后点选"应用"并关闭即可，如图 2-25 所示。

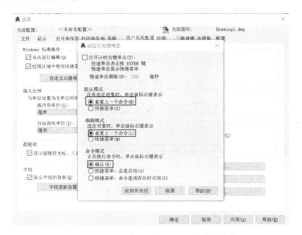

图 2-25　用户系统配置参数调节

④ 点选选择界面，将拾取框大小调至 3/4 处，并点击"确定"，如图 2-26 所示。

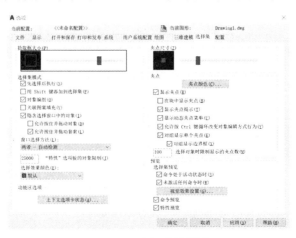

图 2-26　选择参数调节

（2）键盘输入"OS"字母，弹出草图设置对话框，点击"全部选择"，然后点击"确定"即可，如图 2-27 所示。

图 2-27　草图设置参数调节

（3）开启正交模式，用鼠标点击状态栏的"正交"按钮，或者直接按"F8"，需要让"正交"和"对象捕捉"沉降下去，如图 2-28 所示。

图 2-28　状态栏参数调节

4．设置图形单位

在 AutoCAD 中，用户可以采用 1：1 的比例因子绘图，因此，所有的直线、圆和其他对象都可以以真实大小来绘制。例如，如果一个零件长 200 cm，那么它也可以按 200 cm 的真实大小来绘制，在需要打印出图时，再将图形按图纸大小进行缩放。在中文版 AutoCAD 2019 中，用户可以选择"格式" | "单位"命令，在打开的"图形单位"对话框中设置绘图时使用的长度单位、角度单位，以及单位的显示格式和精度等参数，如图 2-29 所示。

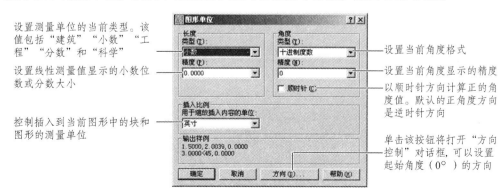

图 2-29　图形单位设置

★请大家时刻牢记：

（1）软件只是工具，最重要的是思维。

（2）在实际绘制图形过程中，双手工作量分配：左手占 70% 的工作量，右手占 30% 的工作量。要提高制图速度，需要记忆并熟练掌握快捷键，灵活运用。

课后习题

1. 简述 AutoCAD 的发展史。
2. AutoCAD 参数如何调节？
3. 简述 AutoCAD 对技术发展的意义。

项目三　AutoCAD 图形绘制

一、项目描述

本项目主要根据图形来学习命令。在 AutoCAD 中，使用"绘图"菜单中的命令绘制二维图形对象是整个 AutoCAD 的绘图基础，因此要熟练地掌握命令使用的方法和技巧。

二、教学目标

1．知识目标
（1）掌握 AutoCAD 的绘图工具使用。
（2）掌握 AutoCAD 的修改命令使用。
（3）掌握 AutoCAD 的图层命令使用。

2．技能目标
（1）掌握 AutoCAD 的绘图顺序。
（2）掌握 AutoCAD 的鼠标键盘综合使用。
（3）掌握 AutoCAD 的文字命令使用。

3．素质目标
（1）掌握左右手的综合使用及工作量分配。
（2）熟练掌握 AutoCAD 的绘图思路。

任务一　AutoCAD 简单图形绘制

一、图形绘制样例（一）

1．图形命令讲解

如图 3-1 所示，本图主要侧重于使用圆命令——快捷键"C"，直线命令——快捷键"L"，偏移命令——快捷键"O"，倒"0"角命令——快捷键"F↓R↓0↓"（0：数字 0），旋转命令——快捷键"RO"，倒圆角命令快捷键"F↓R↓N↓"（N：倒角半径），直线标注命令——快捷键"DLI"，角度标注命令——快捷键"DAN"，直径标注命令——快捷键"DDI"和半径标注命令——快捷键"DRA"的使用，结合图形我们开始学习绘图。

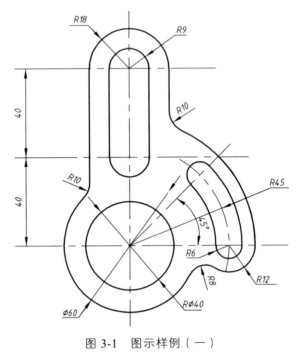

图 3-1　图示样例（一）

★请大家时刻牢记：① "↓"为空格键；② 绘图顺序决定绘图速度；③ 本图具有代表性，多练，将绘制时间压缩到 25 s 以内。

2．图形绘制顺序

绘制 $\phi40$ 的圆→绘制 $\phi60$ 的圆→绘制中心线→绘制矩形圆→矩形圆向外偏移 9→绘制 45° 中心线→绘制 R45 的圆弧→向内外偏移 6→绘制 R6 的圆弧→圆弧向外偏移 6→倒圆角 R8 和 R10。

3．图形绘制思路

（1）绘制 $\phi40$ 的圆（快捷键 "C"），如图 3-2 所示。

图 3-2　绘制 $\phi40$ 的圆

（2）向外偏移 10（快捷键 "O"），绘出 $\phi60$ 的圆，如图 3-3 所示。

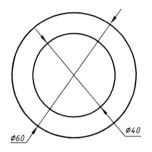

图 3-3　绘制 ϕ60 的圆

（3）绘制中心线（快捷键"L"），长度按图形适当给出，根据图形特点，本图整体为竖向，故竖向中心线需要拉长一点，如图 3-4 所示。

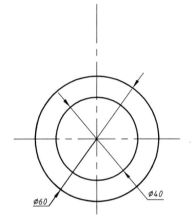

图 3-4　绘制中心线（一）

（4）连续 2 次向上偏移（快捷键"O"）40，如图 3-5 所示。

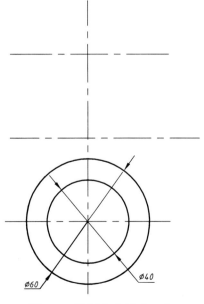

图 3-5　绘制中心线（二）

（5）向左和右偏移（快捷键"O"）9并改变线型，如图3-6所示。

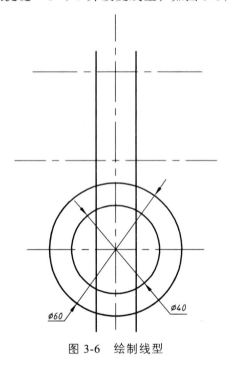

图 3-6　绘制线型

（6）剪切（快捷键"TR"，此命令操作为输入字母 TR↓，点选参考边↓，删除多余图形）多余的部分，如图3-7所示。

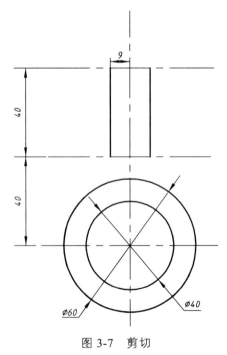

图 3-7　剪切

（7）绘制半圆，使用倒0角命令，如图3-8所示。

★请大家时刻牢记：倒 0 角为技巧命令，需要熟练掌握，后面绘图会经常使用，操作顺序为 F↓R↓0↓（0：数字 0）。

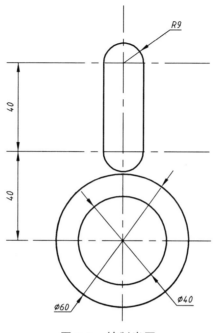

图 3-8　绘制半圆

（8）向外偏移（快捷键"O"）9，得到矩形圆，如图 3-9 所示。

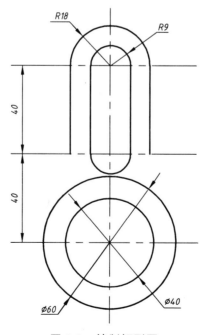

图 3-9　绘制矩形圆

（9）绘制中心线，画出直线并旋转（快捷键"RO"）45°，如图 3-10 所示。

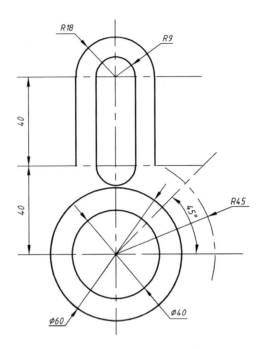

图 3-10　绘制 45°中心线

（10）将 *R*30 的圆向外偏 15，剪切（快捷键"TR"）多余部分，将其向内和外偏（快捷键"O"）6，如图 3-11 所示。

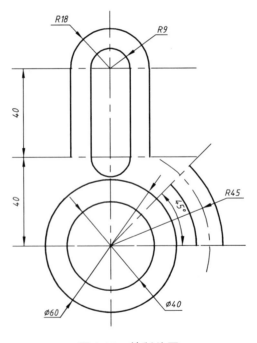

图 3-11　绘制外圆

（11）绘制半径 6 的圆，剪切（快捷键"TR"）多余部分，如图 3-12 所示。

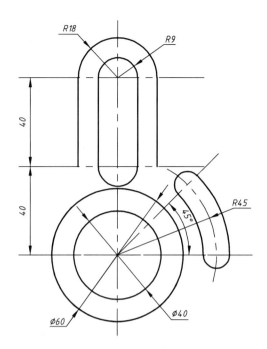

图 3-12　绘制圆弧

（12）向外偏移（快捷键"O"）6，如图 3-13 所示。

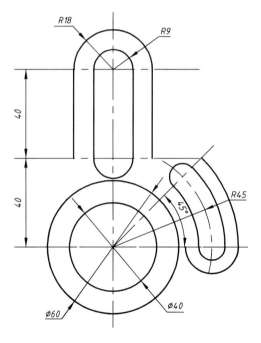

图 3-13　绘制圆弧

（13）使用倒圆角命令（快捷键"F↓R↓10↓""F↓R↓8↓"），如图 3-14 所示。

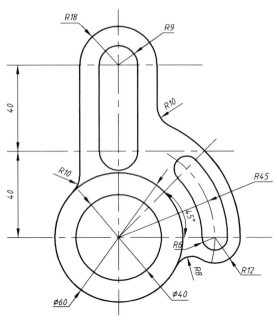

图 3-14　绘制圆弧

（14）剪切（快捷键"TR"）多余部分，如图 3-15 所示。

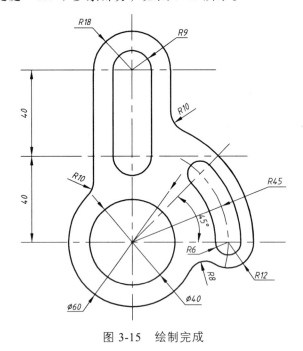

图 3-15　绘制完成

二、图形绘制样例（二）

1．图形命令讲解

如图 3-16 所示，本图主要侧重于圆命令——快捷键"C"，直线命令——快捷键"L"，偏移命令——快捷键"O"，旋转命令——快捷键"RO"，倒圆角命令快捷键"F↓R↓N↓"（N：倒角半径），直线标注命令——快捷键"DLI"，角度标注命令——快捷键"DAN"，对齐标注命令——快捷键"DAL"，直径标注命令——快捷键"DDI"和半径标注命令——快捷键"DRA"的使用，结合图形我们开始学习绘图。

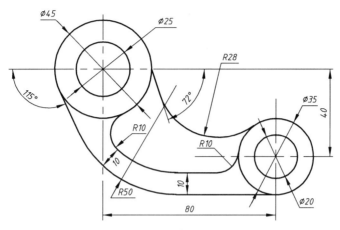

图 3-16　图示样例（二）

2．图形绘制顺序

绘制直 ϕ25 的圆→绘制 ϕ45 的圆→绘制中心线→绘制 ϕ20 的圆→绘制 ϕ35 的圆→绘制 115° 的线→绘制 72° 的线→绘制水平线→倒 R50 的圆角→倒 R10 的圆角→倒 R28 的圆角。

3．图形绘制思路

（1）绘制 ϕ25 的圆（快捷键 C）操作为"C↓D↓25↓"，鼠标左键点选绘图区即可，如图 3-17 所示。

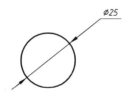

图 3-17　绘制 ϕ25 的圆

（2）向外偏移 10（快捷键"O"），绘出 ϕ45 的圆，如图 3-18 所示。

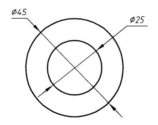

图 3-18　绘制 ϕ45 的圆

（3）绘制中心线（快捷键"L"），长度按图形适当给出，根据图形特点，本图整体为横向，故横向中心线需要拉长一点，如图 3-19 所示。

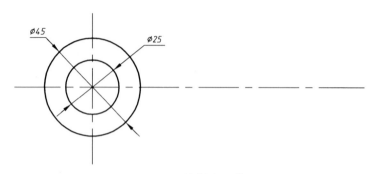

图 3-19　绘制中心线

（4）横向中心线向下偏 40，纵向中心线向右偏 80（快捷键 "O"），如图 3-20 所示。

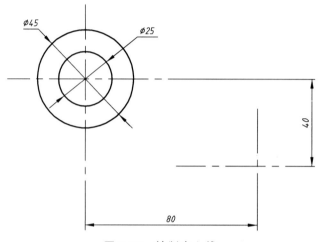

图 3-20　绘制中心线

（5）绘制 ϕ20 的圆（快捷键 "C"），如图 3-21 所示。

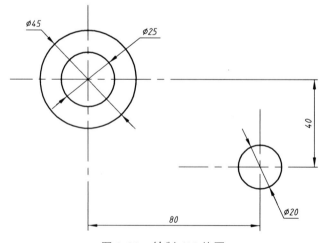

图 3-21　绘制 ϕ20 的圆

（6）向外偏（快捷键 "O"）7.5，绘制 ϕ35 的圆，如图 3-22 所示。

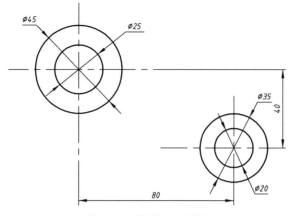

图 3-22　绘制 ϕ35 的圆

（7）经圆心绘制直线并旋转（快捷键"RO"）–65°，再向左下偏（快捷键"O"）22.5，然后绘制直线并旋转–72°，将直线右移至中心线与圆的交点处，最后剪切多余部分，如图 3-23 所示。

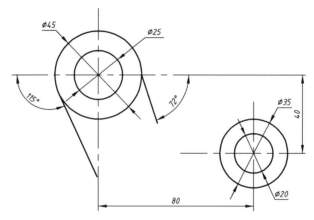

图 3-23　绘制倾斜直线

（8）以 ϕ35 的圆与中心线的交点向左绘制直线，如图 3-24 所示。

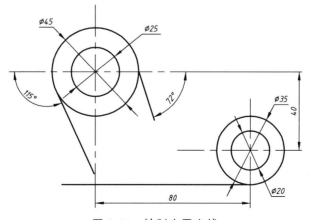

图 3-24　绘制水平直线

（9）使用倒圆角（快捷键"F↓R↓28↓""F↓R↓50↓"），如图3-25所示。

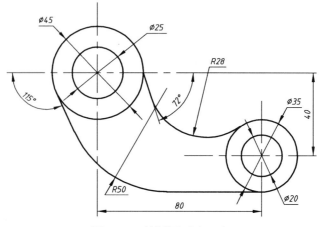

图 3-25　绘制圆弧（一）

（10）向内偏（快捷键"O"）10，如图3-26所示。

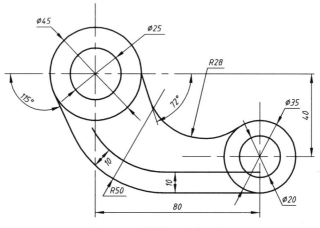

图 3-26　绘制圆弧（二）

（11）使用倒圆角（快捷键"F↓R↓10↓"），如图3-27所示。

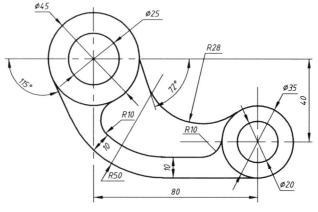

图 3-27　绘制完成

三、图形绘制样例 3

1．图形命令讲解

如图 3-28 所示，本图主要侧重于圆命令——快捷键"C"，直线命令——快捷键"L"，偏移命令——快捷键"O"，绘制公切线命令——"L↓"按住"CTRL"鼠标点选右键选切点，旋转命令——快捷键"RO"，倒圆角命令快捷键"F↓R↓N↓"（N：倒角半径），直线标注命令——快捷键"DLI"，角度标注命令——快捷键"DAN"，直径标注命令——快捷键"DDI"和半径标注命令——快捷键"DRA"的使用，结合图形我们开始学习绘图。

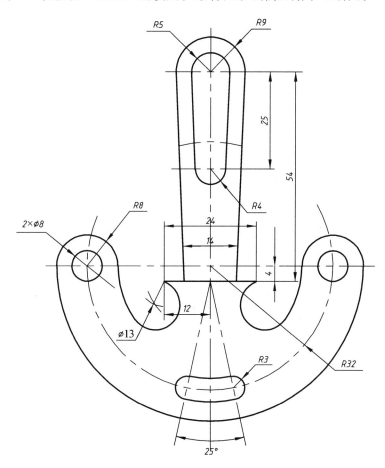

图 3-28　图示样例（三）

2．图形绘制顺序

绘制 R5 和 R9 的圆弧→绘制 R4 的圆弧→绘制公切线→绘制外围的公切线→绘制 R32 的圆弧→向内外各偏移 8→绘制 φ8 和 R8 的圆弧→绘制 25° 夹角线→绘制 R3 的中间图形→绘制 φ13 的圆弧。

3．图形绘制思路

（1）绘制 φ10 的圆（快捷键"C"），如图 3-29 所示。

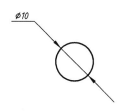

图 3-29　绘制 φ10 的圆

（2）绘制中心线（快捷键"L"）并偏移 25（快捷键"O"），如图 3-30 所示。

（3）绘制 φ8 的圆（快捷键"C"），如图 3-31 所示。

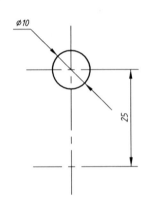

图 3-30　绘制中心线

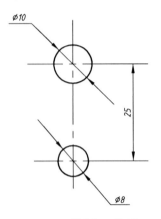

图 3-31　绘制 φ8 的圆

（4）绘制两圆的公切线（"L↓"，按住"CTRL"，点鼠标右键出现点的捕捉，选切点，两次均如此），单边绘制后，然后镜像（快捷键"MI"），然后剪切（快捷键"TR"）多余图形，如图 3-32 所示。

（5）绘制 φ18 的圆（快捷键"C"），如图 3-33 所示。

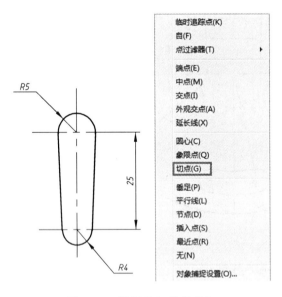

图 3-32　绘制公切线并剪切

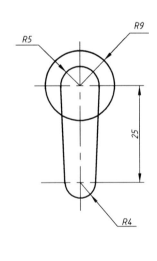

图 3-33　绘制 φ18 的圆

（6）绘制相距 54 的粗实线（快捷键"O"），此处需要细心看图偏移距离是 50 + 4 = 54，如图 3-34 所示。

（7）找到距离为 7 的点，绘制 φ18 的圆的切线（"L↓"，按住"CTRL"，点鼠标右键出现点的捕捉，选切点，两次均如此），单边绘制后，然后镜像（快捷键"MI"），然后剪切（快捷键"TR"）多余图形，如图 3-35 所示。

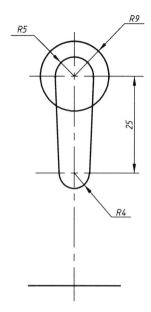

图 3-34 绘制相距 54 的粗实线 　　　图 3-35 绘制圆的切线

（8）偏移 4 绘制中心线（快捷键 "L"），如图 3-36 所示。

（9）绘制 R32 的中心线（快捷键 "C"）并剪切（快捷键 "BR"），如图 3-37 所示。

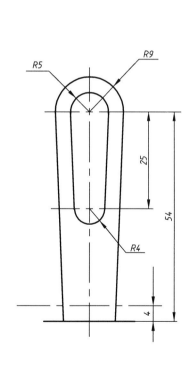

图 3-36 绘制中心线

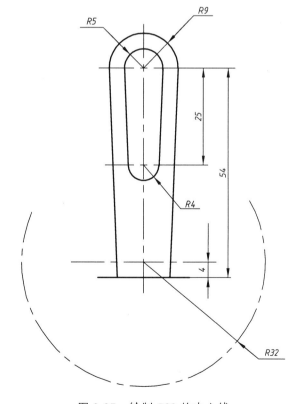

图 3-37 绘制 R32 的中心线

（10）绘制 R8 和 φ8 的同心圆（快捷键"C"），并镜像（快捷键"MI"）如图 3-38 所示。

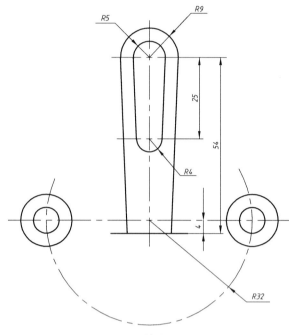

图 3-38　绘制同心圆

（11）绘制 25° 夹角中心线（快捷键"L""RO"和"MI"），如图 3-39 所示。

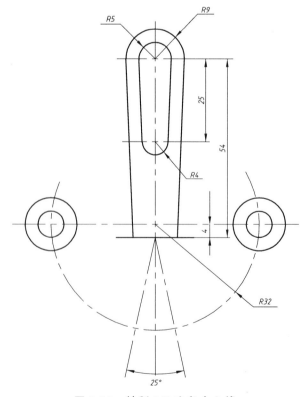

图 3-39　绘制 25° 夹角中心线

（12）将 R32 的圆弧内外各偏移 8（快捷键 "O"），并绘制夹角 25 处图形（快捷键 "O""C" 和 "TR"），并剪切多余图形（快捷键 "TR"），如图 3-40 所示。

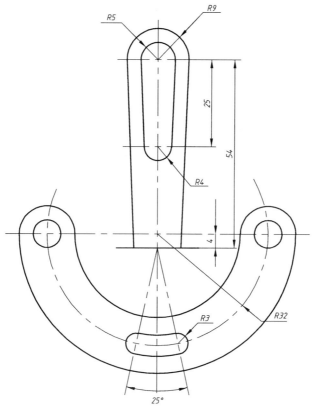

图 3-40　绘制中间图形

（13）将竖直中心线偏移 12（快捷键 "O"），绘制 ϕ13 的圆（快捷键 "C"），如图 3-41 所示。

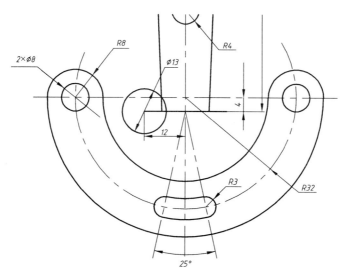

图 3-41　绘制 ϕ13 的圆

（14）经圆心①绘制 $R17.5$ 的圆，此处内圆半径为 $32-8=24$，$24-13/2=17.5$，通过此方法获取交点即为 $\phi13$ 圆的圆心位置②，如图 3-42 所示。

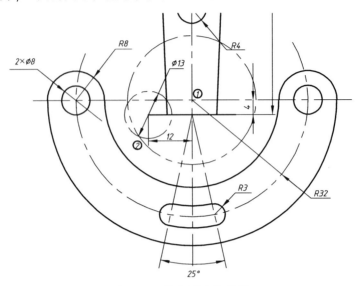

图 3-42　获取圆心位置②

（15）绘制圆（快捷键"C"），并剪切多余图形（快捷键"TR"），如图 3-43 所示。

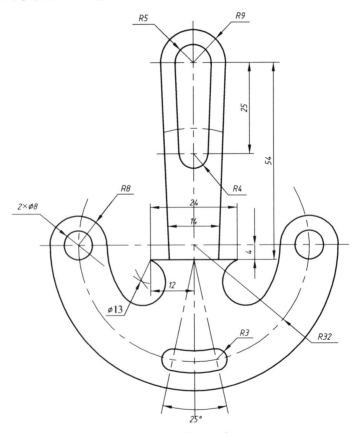

图 3-43　绘制完成

四、图形绘制样例（四）

1．图形命令讲解

如图 3-44 所示，本图主要侧重于圆命令——快捷键"C"，直线命令——快捷键"L"，偏移命令——快捷键"O"，绘制公切线命令——"L↓"按住 CTRL 鼠标点选右键选切点，旋转命令——快捷键"RO"，填充命令——"H"，椭圆命令——"EL"，样条曲线——"SPL"，直线标注命令——快捷键"DLI"，对齐标注命令——"DAL"，角度标注命令——快捷键"DAN"和半径标注命令——快捷键"DRA"的使用，结合图形我们开始学习绘图。

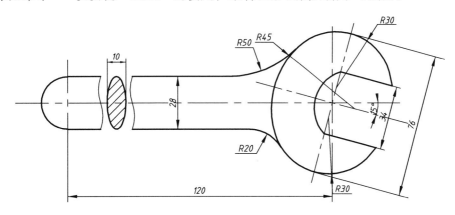

图 3-44　图示样例（四）

2．图形绘制顺序

绘制距离为 76 的两个 $R30$ 的圆弧→绘制 $R45$ 的公切圆→绘制距离 34 的平行线→绘制 $R20$ 的圆弧→旋转 $-15°$ →绘制把手→绘制把头→绘制椭圆图例→倒 $R50$ 和 $R20$ 的圆角。

3．图形绘制过程

（1）绘制 $R30$ 的两个圆（快捷键"C"），并使两个圆相距 76，如图 3-45 所示。

（2）绘制两圆的公切圆，半径为 45（操作顺序为"C↓T↓45↓"，点选两 $R30$ 的圆的外围圆弧），如图 3-46 所示。

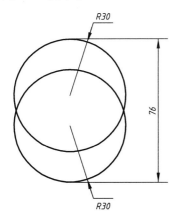

图 3-45　绘制 $R30$ 的两个圆

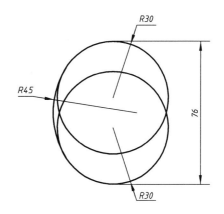

图 3-46　绘制两圆的公切圆

（3）镜像 *R*45 的圆弧（快捷键"MI"），并剪切多余圆弧（快捷键"TR"），如图 3-47 所示。

（4）绘制中心线（快捷键"L"），并上下各偏移 17，如图 3-48 所示。

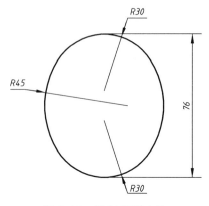

图 3-47　绘制图形右边

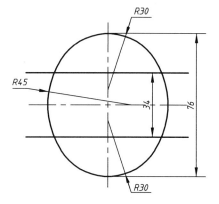

图 3-48　绘制图形开口部分（一）

（5）经过中心线绘制 *R*20 的圆，选择参考点①将 *R*20 的圆水平移至参考点②（快捷键"M"），如图 3-49 所示。

（6）*R*20 的圆移至②后，剪切掉多余图形（快捷键"TR"），如图 3-50 所示。

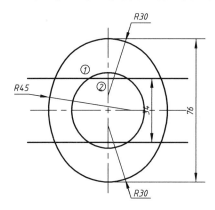

图 3-49　绘制图形开口部分（二）

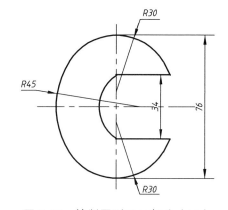

图 3-50　绘制图形开口部分（三）

（7）将绘制的图形整体旋转 – 15°（快捷键"RO"），如图 3-51 所示。

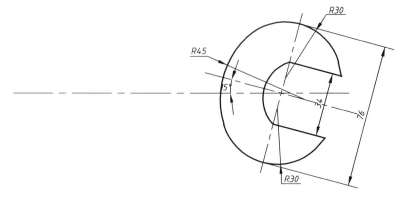

图 3-51　图形整体旋转 – 15°

（8）绘制把手部分，中心线上下各偏移 14（快捷键"O"），如图 3-52 所示。

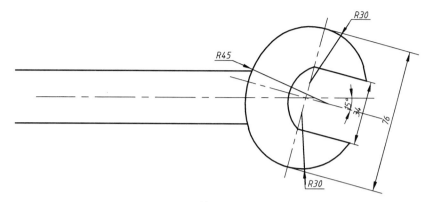

图 3-52　绘制把手（一）

（9）绘制把头，绘制竖向直线，剪切（快捷键"TR"）多余边，使用"倒 0 角"命令，操作过程："F↓R↓0↓"，绘制把头，如图 3-53 所示。

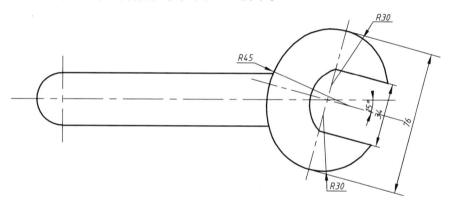

图 3-53　绘制把手（二）

（10）绘制中间图例部分，使用椭圆命令（快捷键"EL"），操作过程："EL↓C↓"在合适的位置点选横向中心线，纵向直接点选上顶点，横向输入数字 5，如图 3-54 所示。

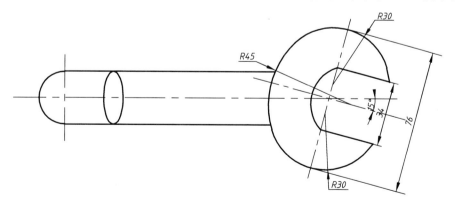

图 3-54　绘制椭圆

（11）填充椭圆（快捷键"H"），选择 ANSI31 作为填充样例，如图 3-55 所示。

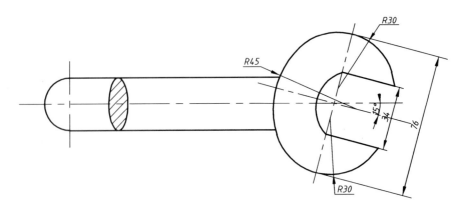

图 3-55　填充椭圆

（12）绘制样条曲线（快捷键"SPL"），操作过程：按顺序依次点选多个点，按空格 3 下即可如图 3-56 所示。

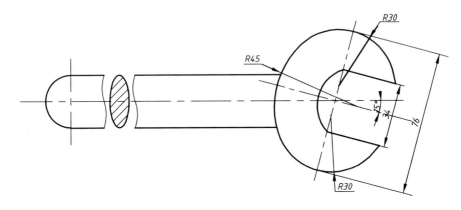

图 3-56　绘制样条曲线

（13）绘制 R50 和 R20 的圆角，此处最好使用"C↓T↓50（20）↓"（如果使用倒圆角命令会打断原有圆弧），剪切多余的图形（快捷键"TR"），如图 3-57 所示。

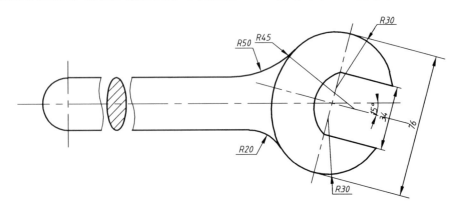

图 3-57　绘制完成

五、图形绘制样例（五）

1．图形命令讲解

如图 3-58 所示，本图主要侧重于圆命令——快捷键 "C"，直线命令——快捷键 "L"，偏移命令——快捷键 "O"，绘制公切线命令—— "L↓" 按住 CTRL 鼠标点选右键选切点，椭圆命令—— "EL"，阵列命令—— "AR"，直线标注命令——快捷键 "DLI"，对齐标注命令—— "DAL"，角度标注命令——快捷键 "DAN" 和半径标注命令——快捷键 "DRA" 的使用，结合图形我们开始学习绘图。

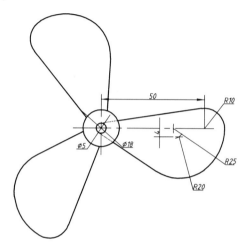

图 3-58　图示样例（五）

2．绘制图形顺序

绘制 $\phi5$ 和 $\phi18$ 的圆→绘制 $R10$ 的圆弧→绘制 $R25$ 的圆弧→绘制 $R20$ 的圆弧→绘制 $\phi5$ 和 $R20$ 的公切线→阵列图形。

3．图形绘制过程

（1）绘制 $\phi5$ 和 $\phi18$ 的两个圆（快捷键 "C"），并使两个圆同心，如图 3-59 所示。

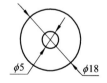

图 3-59　绘制两同心圆

（2）绘制中心线（快捷键 "L"），根据图形特点，如图 3-60 所示。

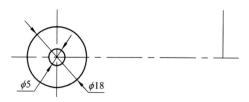

图 3-60　绘制中心线

（3）绘制 R10 的圆（快捷键"C"），如图 3-61 所示。

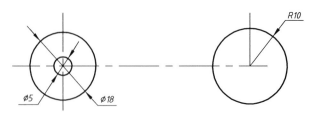

图 3-61　绘制圆

（4）绘制 ⌀5 和 R10 的两圆的公切线（快捷键"L"），操作顺序：L↓按 CTRL 同时再按压鼠标右键，弹出对话框选择切点即可，如图 3-62 所示。

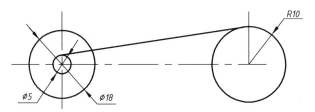

图 3-62　绘制公切线

（5）调整公切线的图层，先打断公切线（快捷键"BR"），再延伸公切线（快捷键"EX"，EX 的操作过程："EX↓↓"，再点选要延长的边），如图 3-63 所示。

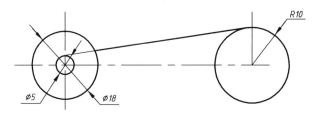

图 3-63　调整公切线图层

（6）绘制 R25 的圆弧，此处重点讲解绘制过程：

已知 R25 的圆弧圆心在中心线上，隐藏条件是 R25 的圆弧和 R10 的圆内切，得出这样的圆的圆心轨迹为以 R10 的圆为圆心，以半径差 25 − 10 = 15 为半径的圆即为圆心轨迹，绘制圆（快捷键"C"），然后与中心线相交的其中一个交点①即为圆心，如图 3-64 所示。

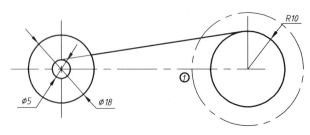

图 3-64　找到圆心位置①

（7）绘制 R25 的圆（快捷键"C"），并剪切（快捷键"TR"）多余中心线，如图 3-65 所示。

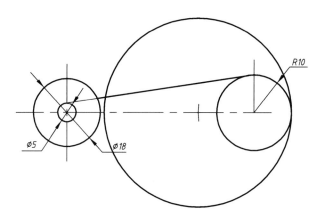

图 3-65　绘制 $R25$ 的圆

（8）绘制 $R20$ 的圆弧，绘制方法和 $R25$ 的方法一样，略有不同，过程如下：

按图形所示，先绘制一条中心线，与原中心线相距 4（快捷键"O"），然后找到 $R20$ 的另一个圆心轨迹，以 $R25$ 的圆心为圆心，以半径差 $25-20=5$ 为半径（$R20$ 内切于 $R25$），绘制圆（快捷键"C"），获得交点②为圆心，如图 3-66 所示。

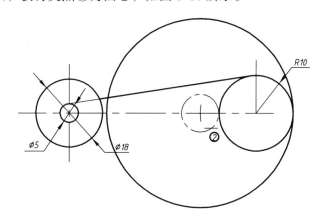

图 3-66　确定 $R20$ 的圆心②

然后绘制 $R20$ 的圆（快捷键"C"），并剪切多余的圆弧（快捷键"TR"），如图 3-67 所示。

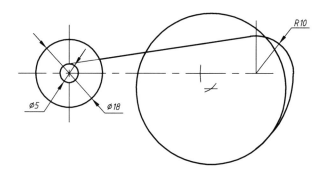

图 3-67　绘制 $R20$ 的圆

（9）绘制公切线（快捷键"L"），如图 3-68 所示。

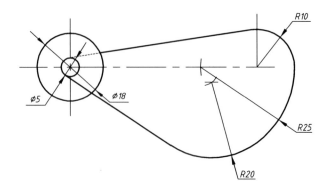

图 3-68　绘制公切线

（10）调整公切线的图层，先打断公切线（快捷键"BR"），再延伸公切线（快捷键"EX"，"EX"的操作过程："EX↓↓"，再在点选要延长的边），如图 3-69 所示。

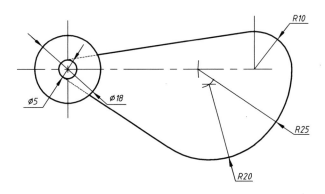

图 3-69　调整公切线图层

（11）阵列风扇翼板，操作过程如下：

选择图形翼板加粗的部分，键盘输入"AR↓"，点选"环形阵列"，如图 3-70 所示。

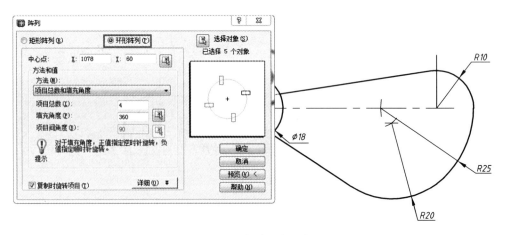

图 3-70　阵列风扇翼板

将项目总数改为 3，如图 3-71 所示。

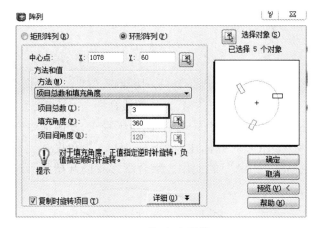

图 3-71 修改阵列数目

点选中心点，选择 $\phi5$ 的圆的圆心为中心点，点击"确定"，如图 3-72 所示。

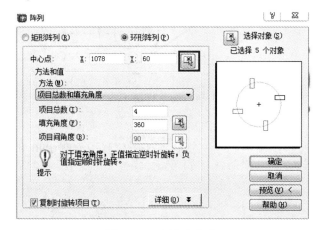

图 3-72 点选中心点

（12）完成图形绘制，如图 3-73 所示。

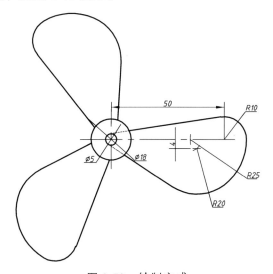

图 3-73 绘制完成

六、图形绘制样例（六）

1．图形命令讲解

如图 3-74 所示，本图主要侧重于圆命令——快捷键"C"，直线命令——快捷键"L"，偏移命令——快捷键"O"，移动命令——"M"，公切线命令——"C↓T↓"点选圆弧后输入半径，倒圆角命令——快捷键"F↓R↓N↓"（N：倒角半径），复制命令——"CO"或者"CP"，直线标注命令——快捷键"DLI"，对齐标注命令——"DAL"，角度标注命令——快捷键"DAN"和半径标注命令——快捷键"DRA"的使用，结合图形我们开始学习绘图。

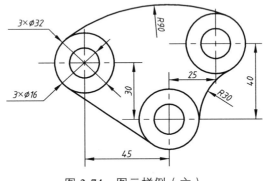

图 3-74　图示样例（六）

2．绘制图形顺序

绘制 $\phi16$ 和 $\phi32$ 的圆→绘制中心线→复制到 3 个位置→绘制 R90 和 R30 圆弧→绘制公切线。

3．图形绘制过程

（1）绘制 $\phi16$ 和 $\phi32$ 的两个圆（快捷键"C"），并使两个圆同心，如图 3-75 所示。

（2）绘制中心线（快捷键"L"），如图 3-76 所示。

（3）复制（快捷键"CO"）至规定位置，先复制后移动（快捷键"M"）如图 3-77 所示。

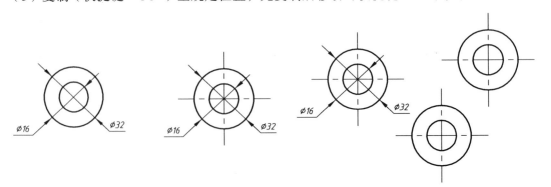

图 3-75　绘制 $\phi16$ 和 $\phi32$ 的圆　　图 3-76　绘制中心线　　图 3-77　将圆复制至规定位置

（4）绘制 R30 的圆弧，使用倒圆角命令，如图 3-78 所示。

（5）绘制 R90 的圆弧，此处使用绘图命令为"C↓T↓"，点选两个圆后，输入 90↓，然后剪切（快捷键"TR"）多余的圆弧，如图 3-79 所示。

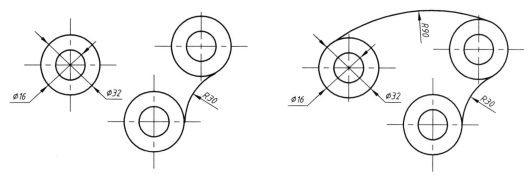

图 3-78 绘制 *R*30 的圆弧   图 3-79 绘制 *R*90 的圆弧

（6）绘制两圆的公切线（"L↓"，按住"CTRL"，点鼠标右键出现点的捕捉，选切点，两次均如此），如图 3-80 所示。

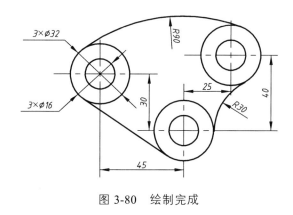

图 3-80 绘制完成

任务二 AutoCAD 零件图绘制

一、零件图绘制样例（一）

1．图形命令讲解

如图 3-81 所示，本图主要侧重于圆命令——快捷键"C"，直线命令——快捷键"L"，偏移命令——快捷键"O"，倒 0 角命令——快捷键"F↓R↓0↓"（0：数字 0），旋转命令——快捷键"RO"，倒圆角命令快捷键"F↓R↓*N*↓"（*N*：倒角半径），直线标注命令——快捷键"DLI"，角度标注命令——快捷键"DAN"，直径标注命令——快捷键"DDI"和半径标注命令——快捷键"DRA"的使用，结合图形我们开始学习绘图。

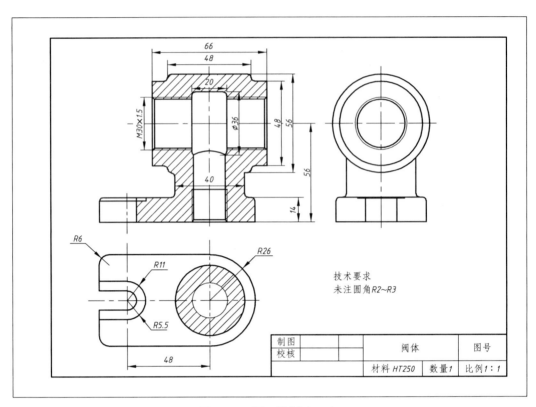

图 3-81　图示样例（一）

2．图形绘制顺序

绘制外轮廓线→绘制内轮廓线→绘制 A—A 视图→绘制左视图→绘制文件框→输入技术要求。

3．图形绘制思路

（1）绘制 66×48 的矩形（快捷键"REC"），操作顺序为"REC↓"鼠标左键点选绘图区，"D↓66↓48↓"，鼠标左键再次点选绘图区，如图 3-82 所示。

（2）绘制中心线（快捷键 L），根据图形特点，竖直的中心线略长于横向中心线，如图 3-83 所示。

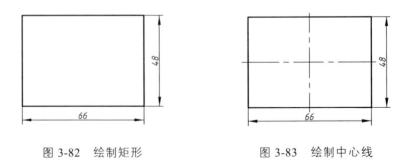

图 3-82　绘制矩形　　　　　　　图 3-83　绘制中心线

（3）绘制 48×56 的矩形（快捷键"REC"），操作顺序为"REC↓"鼠标左键点选绘图区，"D↓48↓56↓"，鼠标左键再次点选绘图区，如图 3-84 所示。

（4）将两个矩形解包（快捷键"X"），操作过程：框选两个矩形，输入"X↓"即可，并将各线段打断（快捷键"BR"），此处主要是为后面倒圆角做准备，如图 3-85 所示。

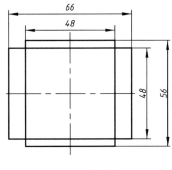

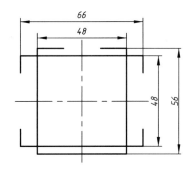

图 3-84　绘制矩形　　　　　　　　　图 3-85　解包并打断矩形

（5）倒圆角，由零件图上标识：未注圆角 $R2 \sim R3$，此处$(56 - 48)/2 = 4$，故此处只能倒 $R2$ 圆角，如图 3-86 所示。

（6）绘制底座线，中心线向下偏移（快捷键"O"）56，如图 3-87 所示。

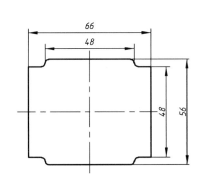

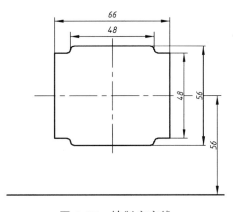

图 3-86　图形倒圆角 $R2$　　　　　　　图 3-87　绘制底座线

向上偏移 14（快捷键"O"），如图 3-88 所示。

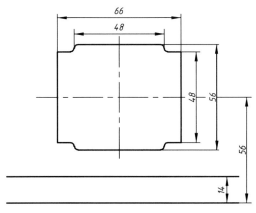

图 3-88　向上偏移 14

向左偏移 66，向右偏移 26，并倒圆角 R2（F↓R↓2↓）和"倒 0 角"（F↓R↓0↓）如图 3-89 所示。

（7）绘制竖向外轮廓线（快捷键"O"），先将 48 下面的打断（快捷键"BR"），再倒圆角 R2，外轮廓线绘制完成，如图 3-90 所示。

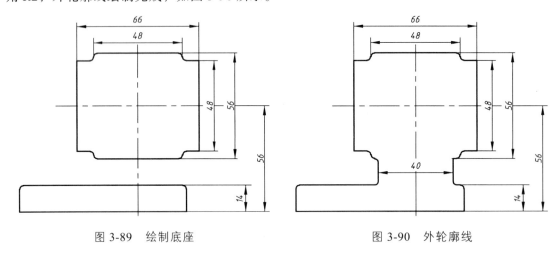

图 3-89　绘制底座　　　　　　　　　　　　图 3-90　外轮廓线

（8）绘制内轮廓上半部分，绘制 20×36 的矩形，（快捷键"REC"），并解包（快捷键"X"），如图 3-91 所示。

对矩形倒圆角 R2（F↓R↓2↓），如图 3-92 所示。

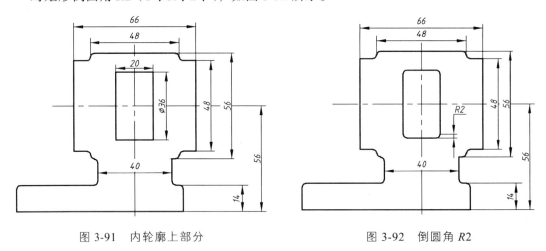

图 3-91　内轮廓上部分　　　　　　　　　　图 3-92　倒圆角 R2

机械零件知识点讲解：M30×1.5 含义是 M——普通螺纹，30——螺纹大径，1.5——螺距。此处根据机械制图的简易画法处理，中心线偏移（快捷键"O"）15，往回偏移 1，倒角 C1，镜像图形 2 次（快捷键"MI"），如图 3-93 所示。

G 是圆柱螺纹，1/2 需查机械手册，单位是英制的，换算成公制的尺寸是 20.955。此处根据机械制图的简易画法处理，中心线偏移（快捷键"O"）10.4775，再往回偏移 1.5，倒角 C1.5，镜像图形（快捷键"MI"），如图 3-94 所示。

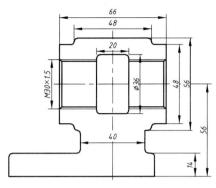

图 3-93　绘制内螺纹 M30×1.5

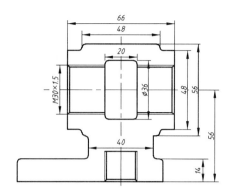

图 3-94　绘制内螺纹 G1/2

★请大家时刻牢记：软件只是工具，行业知识才是重点。就像吃一顿饭，软件相当于筷子和碗，行业经验是菜和饭，若想吃好，两者都得精通。

（9）绘制 φ18 的内孔，并绘制相贯线，如图 3-95 所示。

机械零件的形状往往是由两个以上的基本立体，通过不同的方式组合而形成。组合时会产生两立体相交的情况，两立体相交称为两立体相贯，它们表面形成的交线称作相贯线。相贯线画法：绘制参考图，找出中间点位置，用样条曲线连接。以此处为例：

绘制参考圆 R18（快捷键 "C"），竖直中心线偏移 9（快捷键 "O"），如图 3-96 所示。

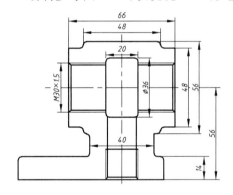

图 3-95　绘制内孔

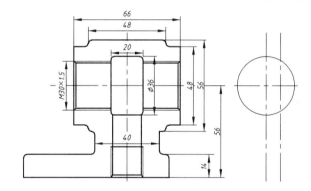

图 3-96　绘制参考圆并偏移 9

回拉交点线即为相贯线最高点①，如图 3-97 所示。

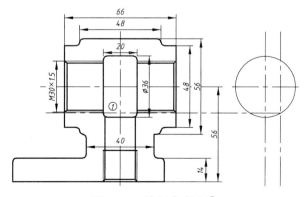

图 3-97　绘制参考点①

使用样条曲线命令（快捷键"SPL"）绘制相贯线，操作过程：按顺序依次点选 3 个点，按空格键 3 下即可，如图 3-98 所示。

（10）绘制并完善底座图形，使用偏移命令（快捷键"O"和"EX"）如图 3-99 所示。

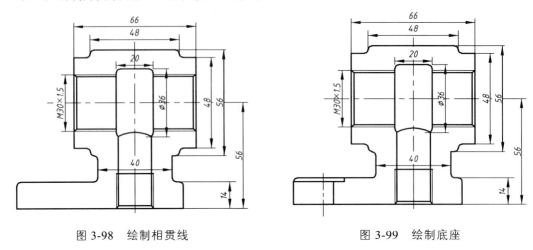

图 3-98　绘制相贯线　　　　　　　　图 3-99　绘制底座

（11）填充图形（快捷键"H"），操作过程："H↓"，选择拾取点，并选择要填充的区域，如图 3-100 所示。

填充后效果如图 3-101 所示。

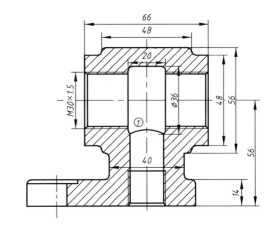

图 3-100　填充命令　　　　　　　　图 3-101　填充效果

此处要注意细节，螺纹内外径之间也要填充，如图 3-102 所示。

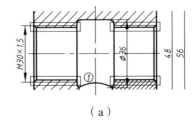

（a）

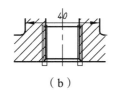

（b）

图 3-102　螺纹内外径也需要填充

（12）绘制剖面图 *A*—*A*，拉长中心线，偏移绘制外轮廓线，如图 3-103 所示。

剪切掉多余部分（快捷键 "TR"），并倒 0 角（F↓R↓0↓），如图 3-104 所示。

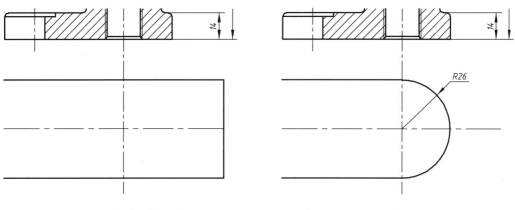

图 3-103　偏移两条直线　　　　　　　　　图 3-104　剪切并倒 0 角

偏移 66（快捷键 "O"），并倒圆角 *R*6（F↓R↓6↓），绘制出大体外轮廓，如图 3-105 所示。

偏移 48，再偏移 5.5（快捷键 "O"），再倒 0 角（F↓R↓0↓），如图 3-106 所示。

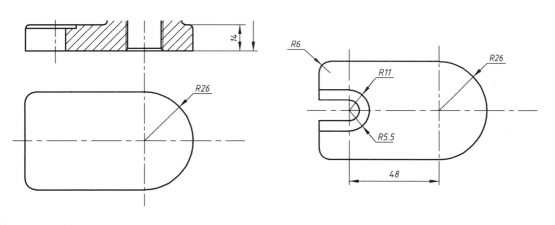

图 3-105　绘制外轮廓　　　　　　　　　　图 3-106　绘制底座外轮廓

绘制 *ϕ*40 和 18 的孔（快捷键 "C"），并填充（快捷键 "H"），如图 3-107 所示。

（13）绘制左视图，此图借助主视图来绘制，不需要重新绘制，主要使用构造线命令 XL（XL↓H↓），如图 3-108 所示。

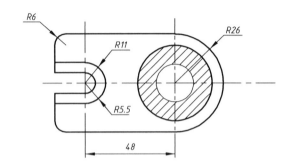

图 3-107 剖面图 *A—A* 绘制完成

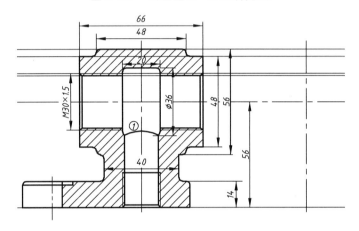

图 3-108 构造线命令

然后直接拉圆即可，如图 3-109 所示。

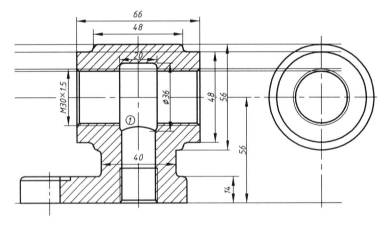

图 3-109 绘制圆和底座

然后绘制支撑和底座，并倒圆角 *R*2，如图 3-110 所示。

绘制底座螺栓开口（快捷键"TR"和倒 0 角"F↓R↓0↓"），如图 3-111 所示。

绘制螺纹，此处使用的简易画法，剪切圆的 1/4（快捷键"TR"），绕后逆时针旋转 5°（快捷键"RO"），如图 3-112 所示。

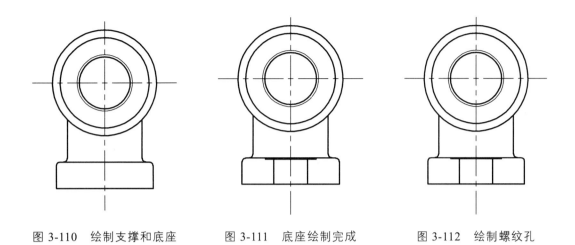

图 3-110　绘制支撑和底座　　　图 3-111　底座绘制完成　　　图 3-112　绘制螺纹孔

总体图形如图 3-113 所示。

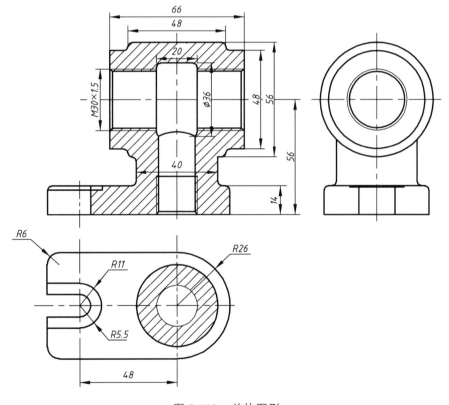

图 3-113　总体图形

（14）绘制文件框，主要使用命令：矩形（快捷键"REC"）、解包（快捷键"X"），偏移（快捷键"O"）文字命令（快捷键"T"），本文件框为 A3 图幅，尺寸为 420×297，如图 3-114 所示。

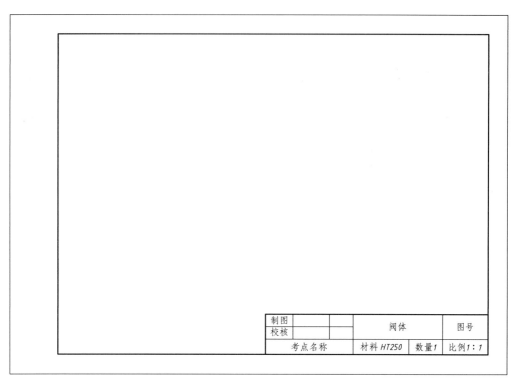

制图			阀体		图号
校核					
考点名称			材料 HT250	数量1	比例1:1

图 3-114 绘制文件框

（15）完成零件图，注明技术要求（快捷键"T"）如图 3-115 所示。

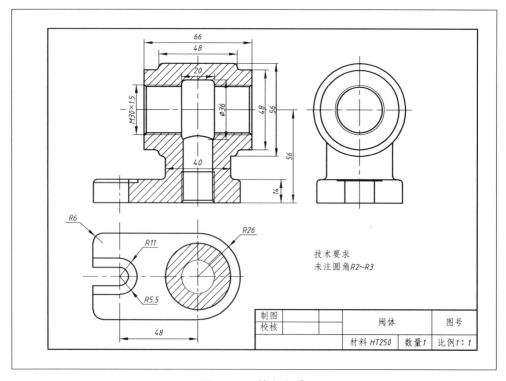

技术要求
未注圆角R2~R3

制图			阀体		图号
校核					
			材料 HT250	数量1	比例1:1

图 3-115 绘制完成

二、零件图绘制样例（二）

1．图形命令讲解

如图 3-116 所示，本图主要侧重于圆命令——快捷键 "C"，直线命令——快捷键 "L"，偏移命令——快捷键 "O"，倒 0 角命令——快捷键 "F↓R↓0↓"（0：数字 0），旋转命令——快捷键 "RO"，倒圆角命令——快捷键 "F↓R↓N↓"（N：倒角半径），直线标注命令——快捷键 "DLI"，角度标注命令——快捷键 "DAN"，直径标注命令——快捷键 "DDI" 和半径标注命令——快捷键 "DRA" 的使用，结合图形我们开始学习绘图。

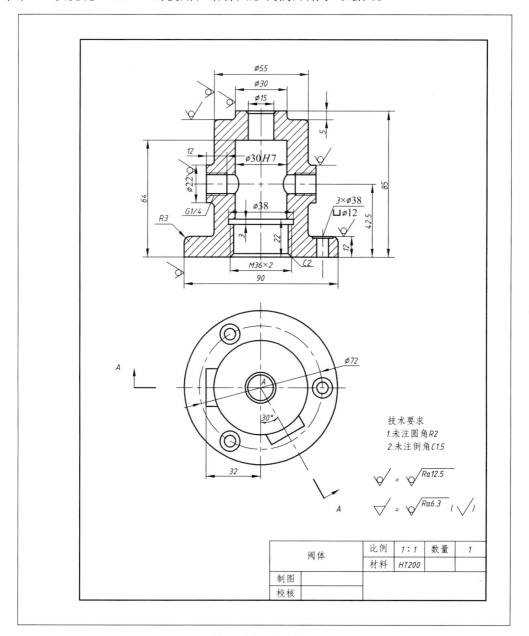

图 3-116　图示样例

2.图形绘制顺序

绘制 $\phi20$ 的圆→绘制 $\phi30$ 的圆→绘制中心线→绘制矩形圆→向外偏移 9→绘制 45° 中心线→绘制 $R45$ 的圆弧→向内外偏移 6→绘制 $R6$ 的圆弧→向外偏移 6→倒圆角 8 和 10。

3.图形绘制思路

（1）绘制 90×85 矩形（快捷键"REC"），并解包（快捷键"X"），如图 3-117 所示。

（2）根据图形所示，横向中心线距离底边为 42.5，绘制中心线（快捷键"L"），如图 3-118 所示。

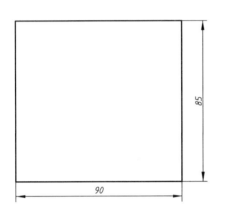

图 3-117　绘制 90×85 矩形

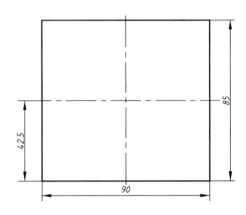

图 3-118　绘制中心线

（3）绘制外轮廓线，依次绘制顶部，颈部、裙部和底部，先绘制顶部，左右偏移 15（快捷键"O"），向下偏移 5，打断偏移 5 的线，如图 3-119 所示。

根据图示，先倒 0 角（F↓R↓0↓），未注圆角 $R2$ 倒圆角（F↓R↓2↓），如图 3-120 所示。

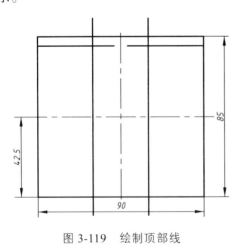

图 3-119　绘制顶部线

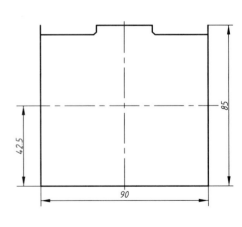

图 3-120　顶部倒角

根据图示，将中心线左右各偏移 27.5（快捷键"O"），并倒圆角 $R2$（F↓R↓2↓），如图 3-121 所示。

将横向中心线上下各偏移 11（快捷键"O"），将竖向中心线偏移 32，如图 3-122 所示。

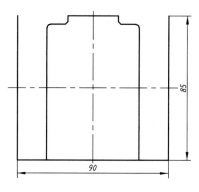

图 3-121　顶部偏移并倒圆角

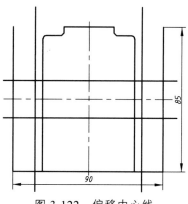

图 3-122　偏移中心线

打断相关线（快捷键"BR"），倒 0 角（F↓R↓0↓），并将未注圆角 $R2$ 倒圆角（F↓R↓2↓），如图 3-123 所示。

底部线向上偏移 2（快捷键"O"），并倒圆角 $R2$（F↓R↓2↓），如图 3-124 所示。

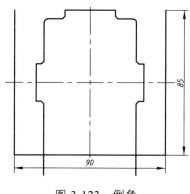

图 3-123　倒角

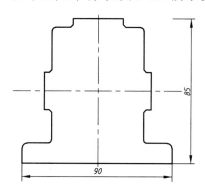

图 3-124　外轮廓绘制完成

（4）绘制内轮廓，从上到下依次绘制，竖向中心线左右各偏移 7.5，底部线向上偏移 68，如图 3-125 所示。

倒角 $C1.5$（操作顺序"CHA↓D↓1.5↓↓"），并将竖向中心线左右各偏移 15（快捷键"O"），如图 3-126 所示。

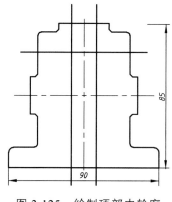

图 3-125　绘制顶部内轮廓

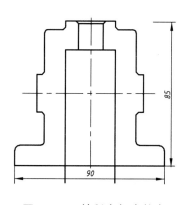

图 3-126　绘制中部内轮廓

竖向中心线左右各偏移 19（快捷键"O"），底部线向上偏移 22，再回偏移 3，并剪切多余的线（快捷键"TR"），如图 3-127 所示。

绘制 M36×2 螺纹孔，并倒角 C2（操作顺序"CHA↓D↓2↓↓"），如图 3-128 所示。

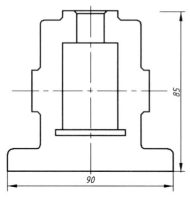

图 3-127　绘制裙部内轮廓

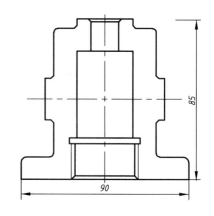

图 3-128　绘制底部内轮廓

绘制 G1/4 管螺纹，G1/4 管螺纹的大径为 13.157，小径为 11.445，螺纹深度 12，主要使用偏移命令（快捷键"O"），如图 3-129 所示。

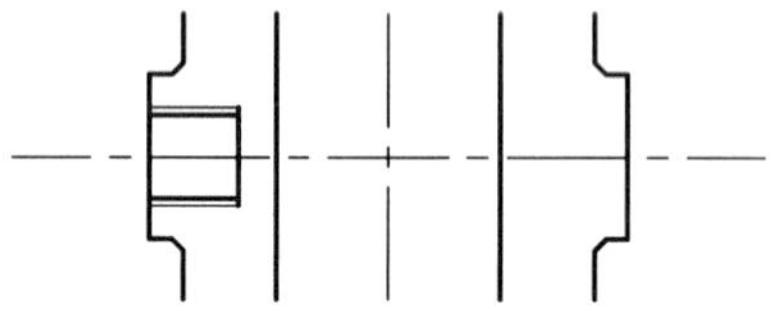

绘制 ϕ11 的孔，并与直径为 30 的孔相贯，绘制相贯线，并镜像（快捷键"MI"），如图 3-130 所示。

绘制底座螺栓沉孔，如图 3-131 所示。

图 3-129　绘制管螺纹 G1/4

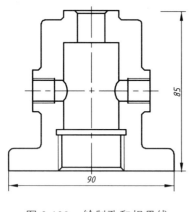

图 3-130　绘制孔和相贯线

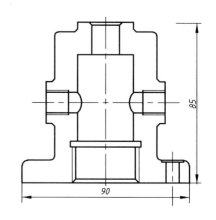

图 3-131　绘制底座沉孔

（5）填充零件区域，注意螺纹大小径之间也需要填充，如图 3-132 所示。

（6）绘制俯视图，绘制 ϕ90 的圆（快捷键"C"），并绘制中心线（快捷键"L"），如图 3-133 所示。

绘制 ϕ72 的中心线圆，并绘制 ϕ55，ϕ15 和 ϕ18 的圆（快捷键"C"）如图 3-134 所示。

绘制螺栓沉孔 ϕ12 和 ϕ7（快捷键"C"），并阵列（快捷键"AR"）3 个，如图 3-135 所示。

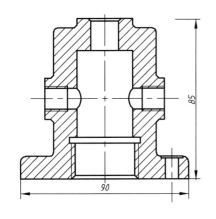

图 3-132　填充图形区域

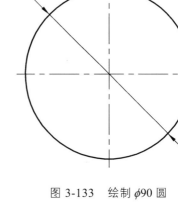

图 3-133　绘制 φ90 圆

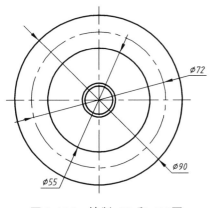

图 3-134　绘制 φ72 和 φ55 圆

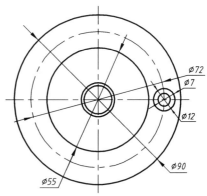

图 3-135　绘制沉孔

绘制 2 个凸孔，直径为 22，距离为 32，并复制旋转 120°，主要使用的命令是偏移（快捷键 "O"，"CO" 和 "RO"），如图 3-136 所示。

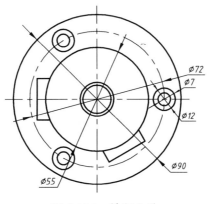

图 3-136　绘制凸孔

（7）绘制文件框，主要使用命令：矩形（快捷键 "REC"）、解包（快捷键 "X"）、偏移（快捷键 "O"）、文字命令（快捷键 "T"），此处使用的 A4 图幅，尺寸 210×297，如图 3-137 所示。

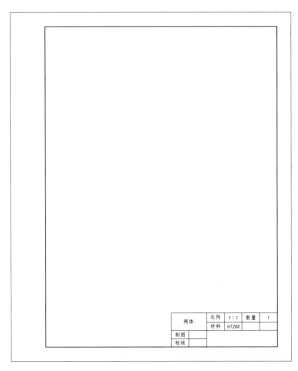

阀体	比例	1:1	数量	1
	材料	HT200		
制图				
校核				

图 3-137　绘制文件框

（8）填写技术要求，使用文字命令（快捷键"T"），并将图形移动至文件框内（快捷键"M"），如图 3-138 所示。

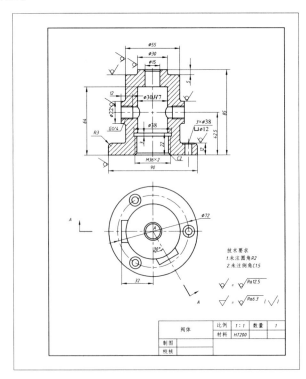

图 3-138　零件图绘制完成

任务三 AutoCAD 装配图绘制

装配图是表达机器或部件的工作原理、运动方式、零件间的连接及其装配关系的图样，它是生产中的主要技术文件之一。本任务主要讲解装配图的绘制方法，如图 3-139 所示。

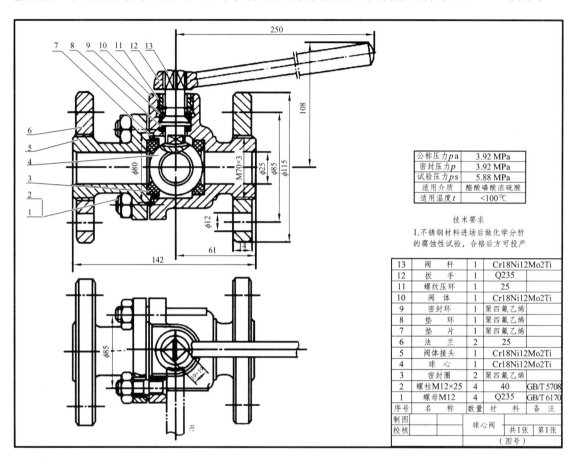

公称压力 pa	3.92 MPa
密封压力 p	3.92 MPa
试验压力 ps	5.88 MPa
适用介质	醋酸磷酸浓硫酸
适用温度 t	<100℃

技术要求

1.不锈钢材料进场后做化学分析
的腐蚀性试验，合格后方可投产

13	阀　杆	1	Cr18Ni12Mo2Ti	
12	扳　手	1	Q235	
11	螺纹压环	1	25	
10	阀　体	1	Cr18Ni12Mo2Ti	
9	密封环	1	聚四氟乙烯	
8	垫　环	1	聚四氟乙烯	
7	垫　片	1	聚四氟乙烯	
6	法　兰	2	25	
5	阀体接头	1	Cr18Ni12Mo2Ti	
4	球　心	1	Cr18Ni12Mo2Ti	
3	密封圈	2	聚四氟乙烯	
2	螺柱M12×25	4	40	GB/T 5708
1	螺母M12	4	Q235	GB/T 6170
序号	名　称	数量	材　料	备　注
制图			球心阀	共1张　第1张
校核				(图号)

图 3-139　装配图图例

一、装配图绘制样例（一）

1．图形命令讲解

如图 3-140 所示，本图主要侧重于圆命令——快捷键"C"，直线命令——快捷键"L"，偏移命令——快捷键"O"，倒 0 角命令——快捷键"F↓R↓0↓"（0：数字 0），旋转命令——快捷键"RO"，倒圆角命令——快捷键"F↓R↓N↓"（N：倒角半径），直线标注命令——快捷键"DLI"，角度标注命令——快捷键"DAN"，直径标注命令——快捷键"DDI"和半径标注命令——快捷键"DRA"的使用，结合图形我们开始学习绘图。

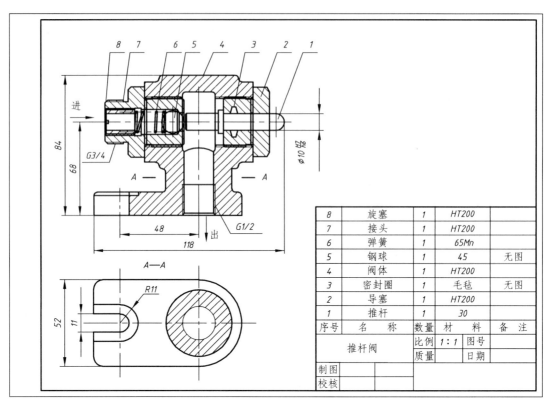

图 3-140 装配图示样例（一）

2．图形绘制顺序

绘制单个零件→解读装配示意图→调整装配条件→绘制文件框→标注大体尺寸。

3．图形绘制思路

（1）绘制第 1 个零件，如图 3-141 所示。

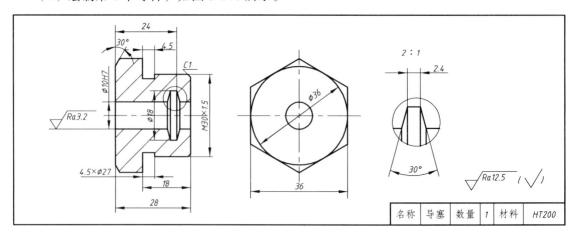

图 3-141 导塞

分析此图，在装配图上只需要绘制最左边的图即可，但后两张图是用来辅助绘图的，先绘制辅助用的中间的图形，使用命令是多边形（快捷键"POL"），操作步骤：输入"POL↓6

↓"点选绘图区↓，如图 3-142 所示。

将对边长修改成 36，使用缩放命令（快捷键"SC"），操作步骤：先选择图形，输入"SC↓"点选基点（点选六边形相对中心的位置），"R"（参照）↓点选竖向两条边，输入 36↓即可，如图 3-143 所示。

绘制中心线（快捷键"L"）和 $\phi16$ 的圆（快捷键"C"），如图 3-144 所示。

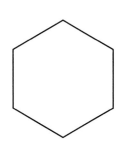
图 3-142　绘制六边形

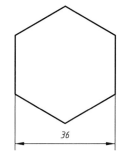
图 3-143　修改六边形长度

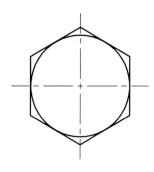
图 3-144　绘制中心线和圆

利用图 3-144 来绘制左边的图形，主要命令是直线和构造线（快捷键"L"和 XL↓H↓"），如图 3-145 所示。

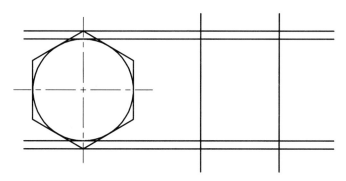
图 3-145　绘制外框

利用"倒 0 角"剪切多余线条，并绘制 30° 夹角线，如图 3-146 所示。

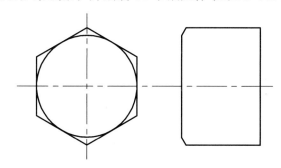
图 3-146　剪切并绘制夹角线

由图示可知，将最右边的线往左偏移 18，再往右偏移 4.5（快捷键"O"），横向中心线上下各偏移 13.5，如图 3-147 所示。

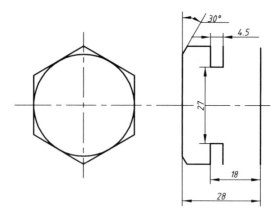

图 3-147   偏移图形

横向中心线上下各偏移 15（快捷键 "O"），并倒角 C1（CHA↓D↓1↓↓），如图 3-148 所示。

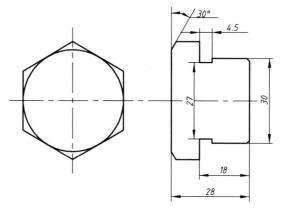

图 3-148   绘制外轮廓

（2）绘制内轮廓，此时需要使用最右边的视图，来处理细节，先绘制 ϕ10 的孔（快捷键 "O"），如图 3-149 所示。

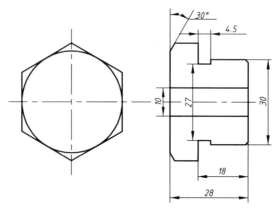

图 3-149   绘制 ϕ10 孔

此处处理方式：先绘制 2.4 的直线（快捷键 "L"），再绘制直线并旋转（快捷键 "RO"）

15°，镜像图形（快捷键"MI"），再将 2.4 的线偏移 9，如图 3-150 所示。

将图形移动至规定位置，如图 3-151 所示。

绘制外螺纹，并填充零件，如图 3-152 所示。

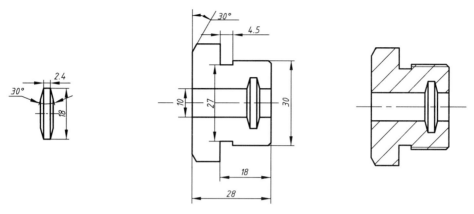

图 3-150　绘制内部细节　　　图 3-151　绘制零件内部　　　图 3-152　导塞绘制完成

（3）绘制第二个零件，如图 3-153 所示，分析此图，在装配图上只需要绘制左边的图即可，右图是用来辅助绘图的。

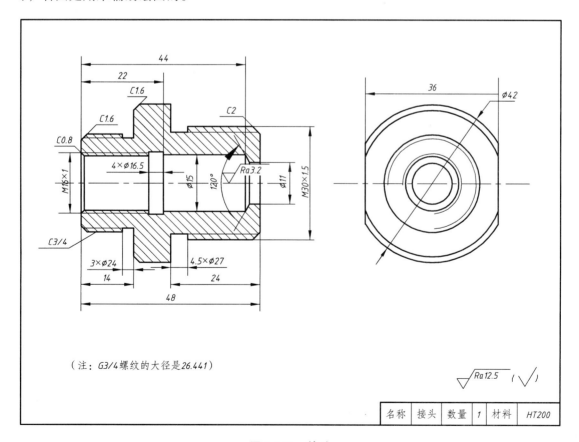

（注：G3/4 螺纹的大径是 26.441）

名称	接头	数量	1	材料	HT200

图 3-153　接头

分析图形后，应先绘制 48×42 矩形（快捷键"REC"），确定图形外框，解包图形（快捷键"X"），并绘制中心线（快捷键"L"），如图 3-154 所示。

首先绘制外轮廓，先绘制管螺纹 G3/4，由题目知 G3/4 的大径为 26.441，并倒角 C1.6（CHA↓D↓1.6↓），将左边的竖直线往右偏移（快捷键"O"）14，再左偏移 3，横向中心线上下各偏移 12，如图 3-155 所示。

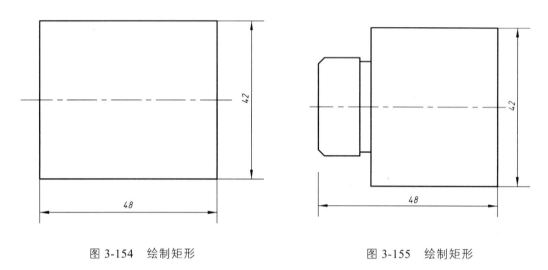

图 3-154　绘制矩形　　　　　　　　　　　图 3-155　绘制矩形

将最右边的线往左偏移 24，在往右偏移 4.5，中心线上下偏移 13.5，并倒角 C1.6 和 C2，如图 3-156 所示。

绘制螺纹 M30×1.5，如图 3-157 所示。

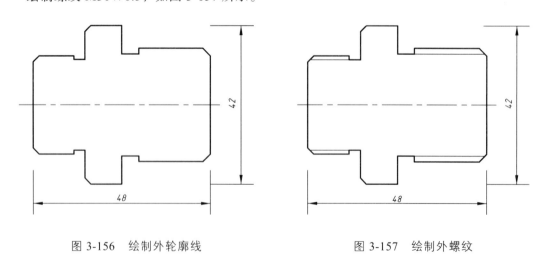

图 3-156　绘制外轮廓线　　　　　　　　　图 3-157　绘制外螺纹

绘制内螺纹 M16×1，如图 3-158 所示。

绘制 $\phi15$ 和 $\phi11$（快捷键"O"）并绘制夹角 120° 的线，如图 3-159 所示。

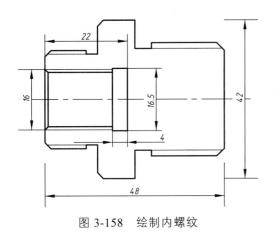

图 3-158　绘制内螺纹

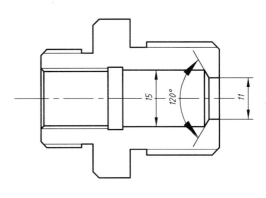

图 3-159　绘制内部轮廓

填充图形（快捷键"H"），如图 3-160 所示。

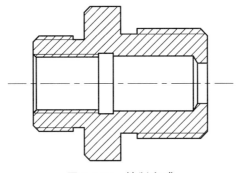

图 3-160　绘制完成

（4）绘制第 3 个零件，如图 3-161 所示。

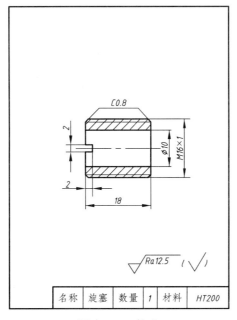

名称	旋塞	数量	1	材料	HT200

图 3-161　旋塞

先绘制 18×16 矩形（快捷键"REC"），并倒角 C0.8（快捷键"CHA↓D↓0.8↓↓"），如图 3-162 所示。

绘制凹口和内孔，主要使用偏移"O"、倒 0 角，如图 3-163 所示。

绘制外螺纹（快捷键"O"），并填充（快捷键"H"），如图 3-164 所示。

图 3-162 绘制矩形和中心线并倒角

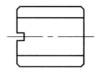
图 3-163 绘制凹口和内孔

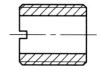
图 3-164 绘制完成

（5）绘制第 4 个零件，如图 3-165 所示。

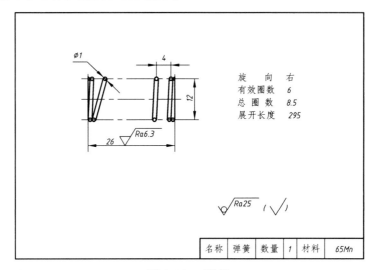
图 3-165 弹簧

绘制中心线（快捷键"L"和"O"），如图 3-166 所示。

图 3-166 绘制中心线

绘制弹簧的左边，主要使用圆命令（快捷键"C"），找切点（按"CTRL+鼠标右键"，点选切点），如图 3-167 所示。

绘制弹簧右边，主要使用圆命令（快捷键"C"），找切点（按 CTRL+鼠标右键，点选切点），如图 3-168 所示。

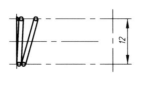
图 3-167 绘制弹簧左边

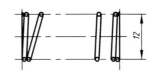
图 3-168 绘制完成

（6）绘制第 5 个零件，如图 3-169 所示。

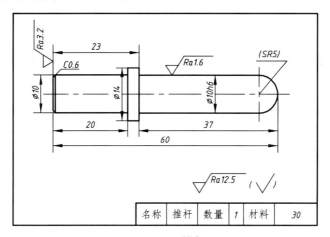

图 3-169　推杆

绘制 60×14 矩形（快捷键"REC"），解包矩形（快捷键"X"），并绘制中心线（快捷键"L"），如图 3-170 所示。

图 3-170　绘制矩形和中心线

绘制推杆左边，主要使用偏移（快捷键"O"）和倒角命令（CHA↓D↓0.6↓↓），如图 3-171 所示。

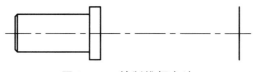

图 3-171　绘制推杆左边

绘制推杆右边，主要使用偏移（快捷键"O"）和倒 0 角命令（F↓R↓0↓），如图 3-172 所示。

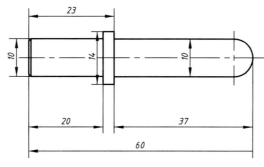

图 3-172　绘制完成

（7）绘制钢球，如图 3-173 所示。

（8）绘制毛毡，注意此处填充（快捷键"H"）使用 ANSI37，因为毛毡属于非金属，填充比例调至 0.5，如图 3-174 所示。

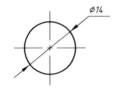

图 3-173　绘制钢球　　　　　图 3-174　绘制毛毡

（9）装配上述零件。阀体如图 3-81 所示不需要重复绘制。先确定装配基准为阀体，其余零件均装配至阀体，将每个零件打包起来（快捷键"B"），操作步骤：框选每个零件，输入"B↓"弹出对话框，随意输入文件名即可，逐个打包，如图 3-175 所示。

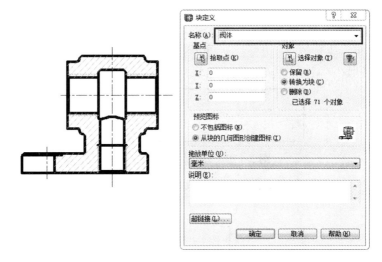

图 3-175　打包零件

将毛毡装配至导塞（快捷键"M"），如图 3-176 所示。
将推杆装配至导塞（快捷键"M"），如图 3-177 所示。

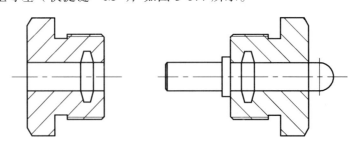

图 3-176　装配毛毡　　　　　图 3-177　装配推杆

将钢球装配至接头（快捷键"M"），如图 3-178 所示。
将弹簧装配至接头（快捷键"M"），如图 3-179 所示。

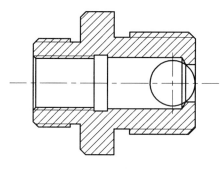

图 3-178 装配钢球

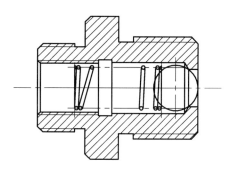

图 3-179 装配弹簧

将旋塞装配至接头（快捷键 "M"），如图 3-180 所示。

注意：此处需要调整弹簧的长度。

将上述两个总成按图装配至阀体上，如图 3-181 所示。

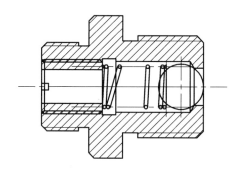

图 3-180 装配旋塞并调整弹簧长度

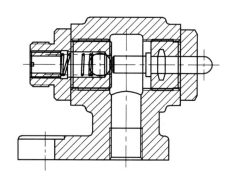

图 3-181 装配完成

根据零件位置关系，删除被遮挡的线条，绘制文件框，完成装配图，如图 3-182 所示。

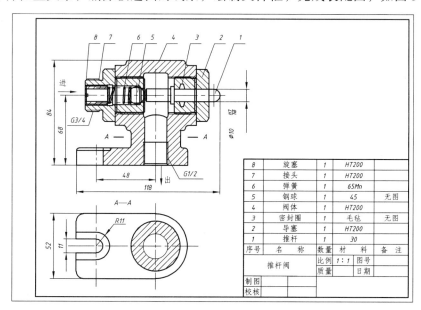

8	旋塞	1	HT200	
7	接头	1	HT200	
6	弹簧	1	65Mn	
5	钢球	1	45	无图
4	阀体	1	HT200	
3	密封圈	1	毛毡	无图
2	导塞	1	HT200	
1	推杆	1	30	
序号	名　称	数量	材　料	备　注
推杆阀		比例	1：1	图号
		质量		日期
制图				
校核				

图 3-182 装配图

二、装配图绘制样例（二）

1．图形命令讲解

如图 3-183 所示，本图主要侧重于圆命令——快捷键"C"，直线命令——快捷键"L"，偏移命令——快捷键"O"，倒 0 角命令——快捷键"F↓R↓0↓"（0：数字 0），旋转命令——快捷键"RO"、倒圆角命令——快捷键"F↓R↓N↓"（N：倒角半径），直线标注命令——快捷键"DLI"，角度标注命令——快捷键"DAN"，直径标注命令——快捷键"DDI"和半径标注命令——快捷键"DRA"的使用，结合图形我们开始学习绘图。

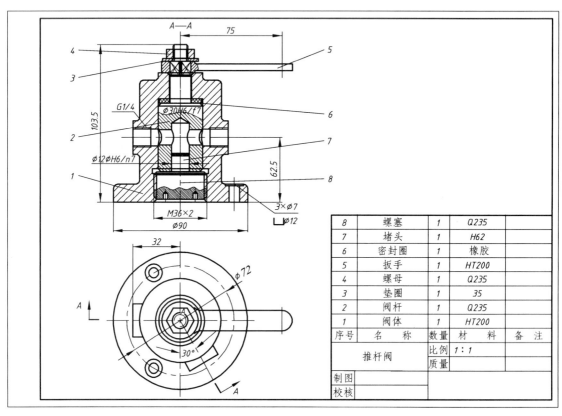

图 3-183　装配图示样例（二）

2．图形绘制顺序

绘制单个零件→解读装配示意图→调整装配条件→绘制文件框→标注大体尺寸。

3．图形绘制思路

（1）绘制第 1 个零件——阀杆，如图 3-184 所示。

绘制 83.5×30 矩形（快捷键"REC"），解包（快捷键"X"），绘制中心线（快捷键"L"），如图 3-185 所示。

最左边的线偏移 45（快捷键"O"），最右边的线左偏移 11，再往右偏移 2，将偏移 11 的线再左偏移 10，如图 3-186 所示。

- 106 -

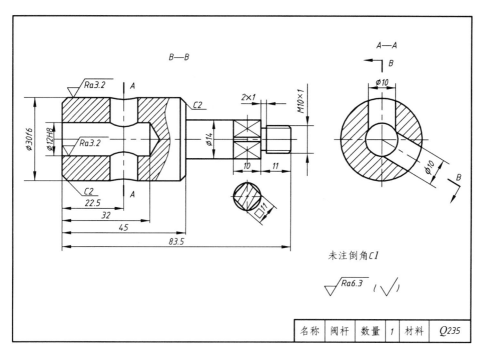

图 3-184　阀杆

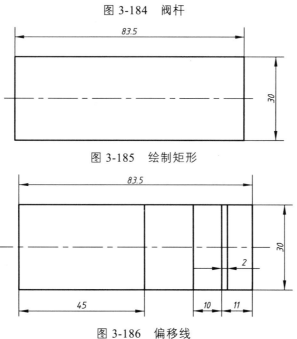

图 3-185　绘制矩形

图 3-186　偏移线

　　将中心线上下偏移 7 和 5（快捷键 "O"），如图 3-187 所示。

　　剪切多余线（快捷键 "TR"），倒角 C2 和 C1，如图 3-188 所示。

　　绘制内部轮廓，先绘制 ϕ12H8 圆孔，注意圆孔的角度是 120°（快捷键 "O" 和 "RO"），如图 3-189 所示。

　　绘制竖向圆孔 ϕ10（快捷键 "O"），并绘制相贯线（快捷键 "SPL"），注意内外都有相贯线，如图 3-190 所示。

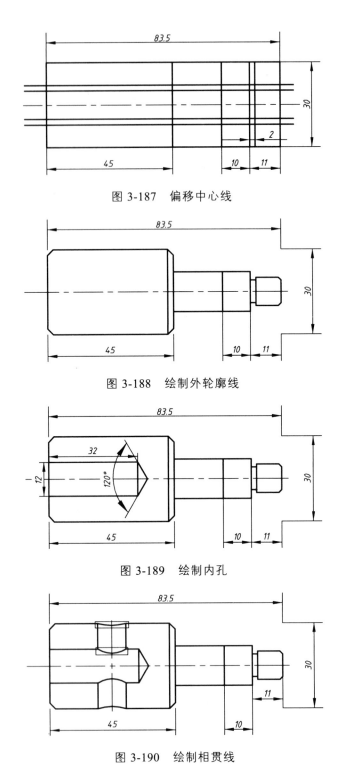

图 3-187　偏移中心线

图 3-188　绘制外轮廓线

图 3-189　绘制内孔

图 3-190　绘制相贯线

绘制样条曲线(快捷键"SPL"),填充图形(快捷键"H"),使用 ANSI31 填充,如图 3-191
所示。

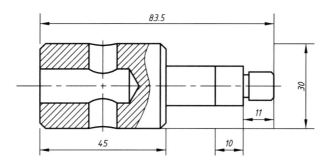

图 3-191　填充图形

绘制外螺纹（快捷键"O"），如图 3-192 所示。

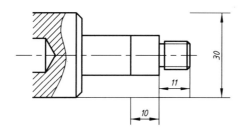

图 3-192　绘制外螺纹

绘制与扳手接触区域，需要借助辅助视图，要注意细节，如图 3-193 所示。

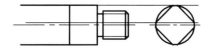

图 3-193　绘制中间区域

注意细节处理，下图两条线距离很近，但是两根线，如图 3-194 所示。

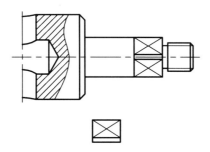

图 3-194　绘制中间完成

（2）绘制第 2 个零件——密封圈，如图 3-195 所示。

绘制 3×29 的矩形（快捷键"REC"），绘制中心线（快捷键"L"）绘制 ϕ15 内孔（快捷键"O"），填充图形（快捷键"H"），注意此处为非金属件，填充 ANSI37，如图 3-196 所示。

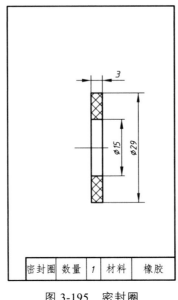

| 密封圈 | 数量 | 1 | 材料 | 橡胶 |

图 3-195　密封圈

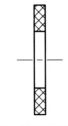

图 3-196　绘制密封圈

（3）绘制第 3 个零件——扳手，如图 3-197 所示。

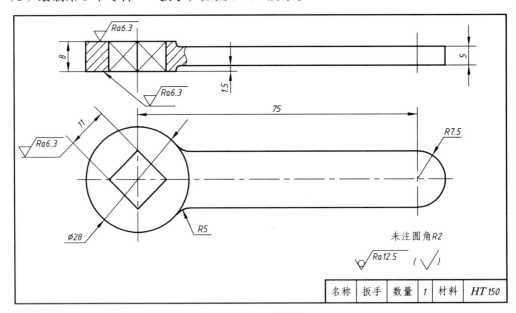

| 名称 | 扳手 | 数量 | 1 | 材料 | HT 150 |

图 3-197　扳手

由装配图可知，只需要绘制上面的视图即可，先绘制长 75 + 14 + 7.5 = 96.5，宽 8 的矩形（快捷键 "REC"），解包（快捷键 "X"），如图 3-198 所示。

图 3-198　绘制 96.5×8 矩形

绘制下面的视图，先绘制圆（快捷键 "C"），在绘制把手（快捷键 "O"），使用命令倒 0

角（F↓R↓0↓），再倒圆角 R5，如图 3-199 所示。

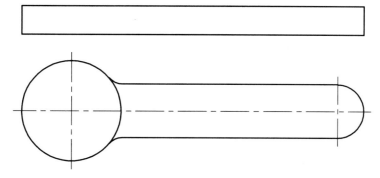

图 3-199　绘制俯视图

绘制扳手的中间孔，先绘制 11×11 的正方形，再旋转 45°，如图 3-200 所示。

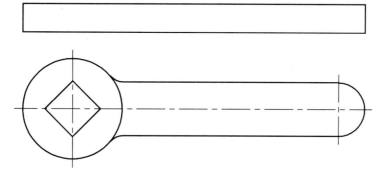

图 3-200　绘制中心孔

偏移上去可得主视图，主要使用命令构造线（快捷键"XL↓V↓"）和剪切命令（快捷键"TR"），如图 3-201 所示。

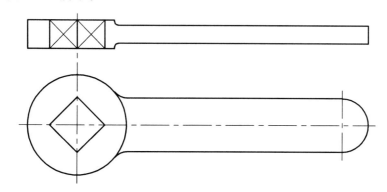

图 3-201　绘制扳手头部

绘制样条曲线（快捷键"SPL"），填充图形（快捷键"H"），如图 3-202 所示。

图 3-202　扳手绘制完成

（4）绘制第 4 个零件——螺母，如图 3-203 所示。

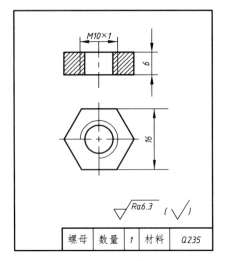

图 3-203　螺母

绘制六边形（快捷键 "POL"），将高度缩放成 16（快捷键 "SC"），如图 3-204 所示。
绘制螺母，只需要上面的视图即可，如图 3-205 所示。

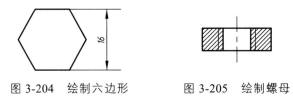

图 3-204　绘制六边形　　　　　图 3-205　绘制螺母

（5）绘制第 5 个零件——螺塞，如图 3-206 所示。

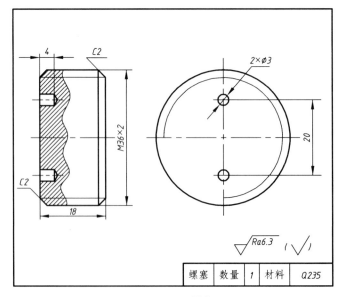

图 3-206　螺塞

绘制 18×36 矩形（快捷键"REC"），倒角 C2（CHA↓D↓2↓↓），并绘制中心线（快捷键"L"），如图 3-207 所示。

绘制外螺纹（快捷键"L"），如图 3-208 所示。

绘制圆孔（快捷键"O"），圆孔角度为 120°（快捷键"RO"），绘制样条曲线（快捷键"SPL"），填充（快捷键"H"），此处填充 ANSI31，要注意外螺纹也要填充，如图 3-209 所示。

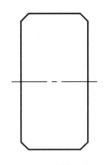
图 3-207　绘制矩形并倒角

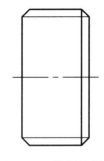
图 3-208　绘制外螺纹

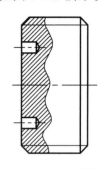
图 3-209　绘制螺塞

（6）绘制第 6 个零件——堵头，如图 3-210 所示。

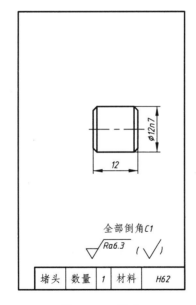
图 3-210　堵头

绘制 12×12 矩形（快捷键"REC"），倒角 C1，如图 3-211 所示。

图 3-211　绘制堵头

（7）绘制第 7 个零件——垫圈，如图 3-212 所示。

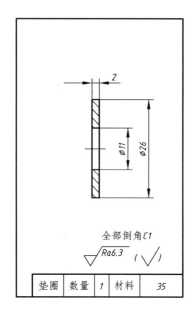

图 3-212　垫圈

绘制 2×26 矩形（快捷键"REC"），绘制 $\phi11$ 的内孔（快捷键"O"），填充（快捷键"H"），绘制中心线（快捷键"L"），如图 3-213 所示。

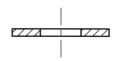

图 3-213　绘制垫圈

图 3-214 确定装配顺序。

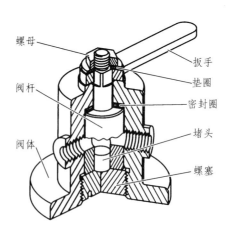

图 3-214　装配示意图

用图 3-116 的图例作为阀体零件，将各零件打包（快捷键"B"），将密封圈装配至阀杆上，如图 3-215 所示。

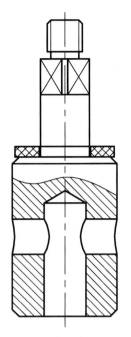

图 3-215　装配步骤（一）

将阀杆总成装配至阀体，如图 3-216 所示。

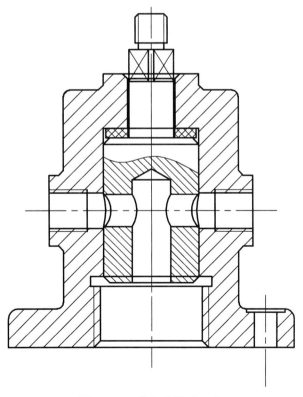

图 3-216　装配步骤（二）

将堵头和旋塞装配至阀体，如图 3-217 所示。

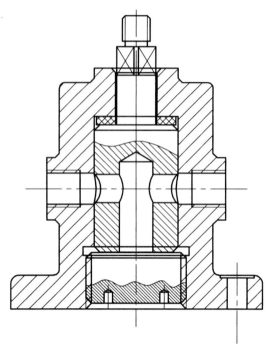

图 3-217　装配步骤（三）

将扳手、垫圈和螺母装配至阀杆上，如图 3-218 所示。

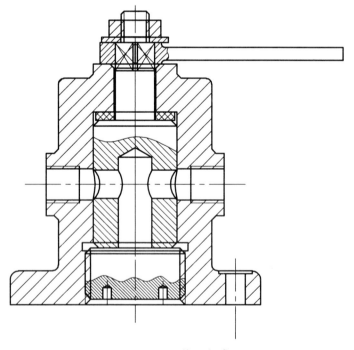

图 3-218　装配完成

装配俯视图，将阀杆装配在阀体，再将扳手、垫圈和螺母装配至阀杆上，如图 3-219 所示。

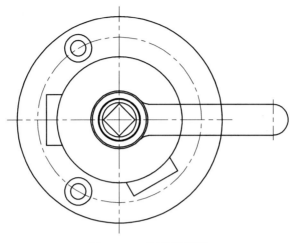

图 3-219　装配俯视图

根据零件位置关系，删除被遮挡的线条形成整体装配图，如图 3-220 所示。

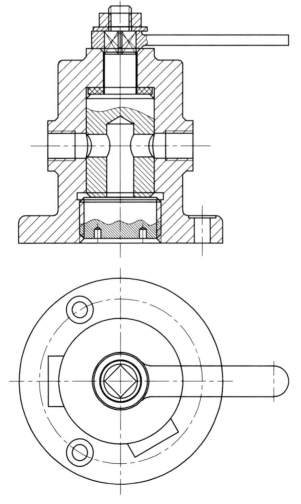

图 3-220　装配总图

绘制 A3（297×420）文件框，添加文字说明，完成装配图如图 3-221 所示。

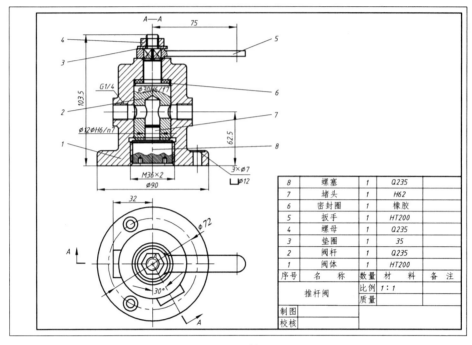

图 3-221　装配图

8	螺塞	1	Q235	
7	堵头	1	H62	
6	密封圈	1	橡胶	
5	扳手	1	HT200	
4	螺母	1	Q235	
3	垫圈	1	35	
2	阀杆	1	Q235	
1	阀体	1	HT200	
序号	名　称	数量	材　料	备　注
	推杆阀	比例	1：1	
		质量		
制图				
校核				

课后习题

1. 根据图 3-222 ～ 图 3-226，绘制零件图。

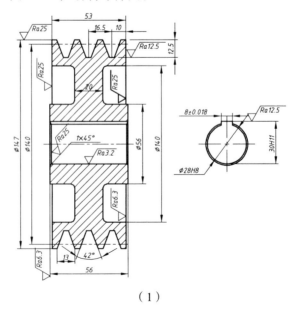

（1）

- 118 -

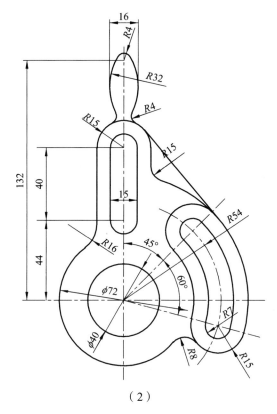

（2）

图 3-222　图形绘制

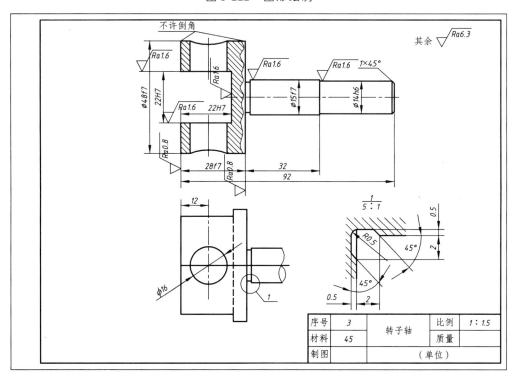

图 3-223　转子轴

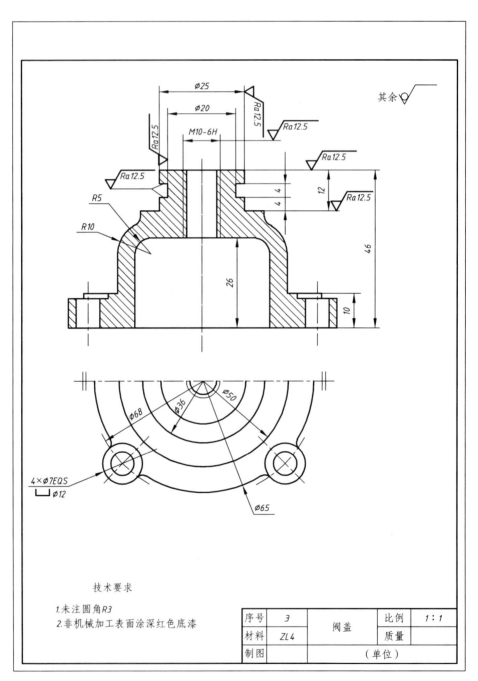

技术要求

1. 未注圆角R3
2. 非机械加工表面涂深红色底漆

序号	3	阀盖	比例	1:1
材料	ZL4		质量	
制图		(单位)		

图 3-224　阀盖

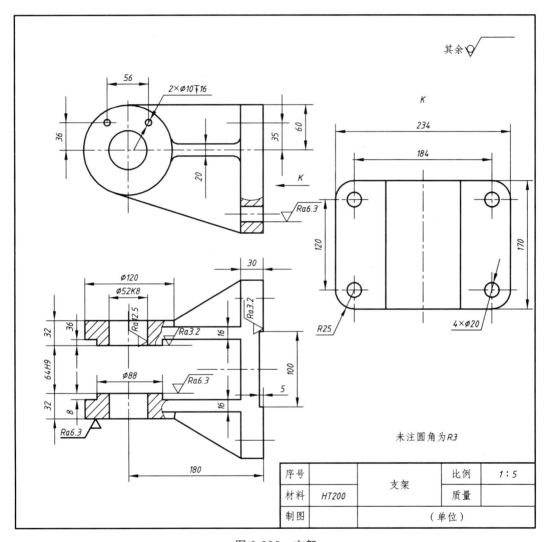

其余 ∀

56

2×Ø10▽16

36

2×Ø10▽16

60

35

20

K

K

Ra6.3

Ø120

Ø52K8

30

Ra3.2

Ra3.2

32

36

Ra12.5

Ra3.2

16

64H9

Ø88

Ra6.3

100

5

32

8

16

Ra6.3

180

K

234

184

120

170

R25

4×Ø20

未注圆角为R3

序号		支架	比例	1:5
材料	HT200		质量	
制图		(单位)		

图 3-225　支架

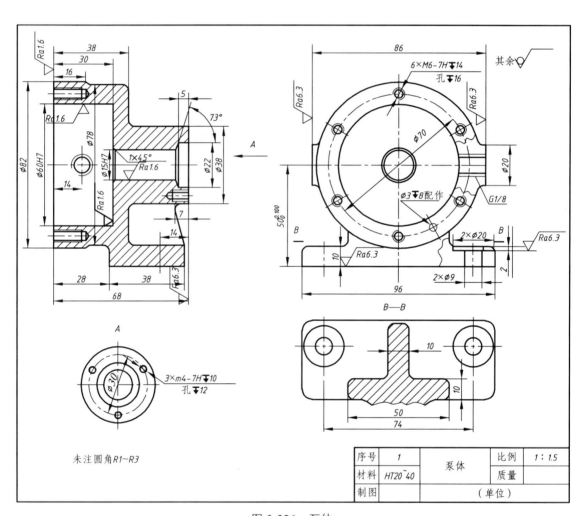

未注圆角R1~R3

序号	1	泵体	比例	1:1.5
材料	HT20~40		质量	
制图		（单位）		

图 3-226　泵体

2. 根据图 3-227～图 3-234，绘制装配图。

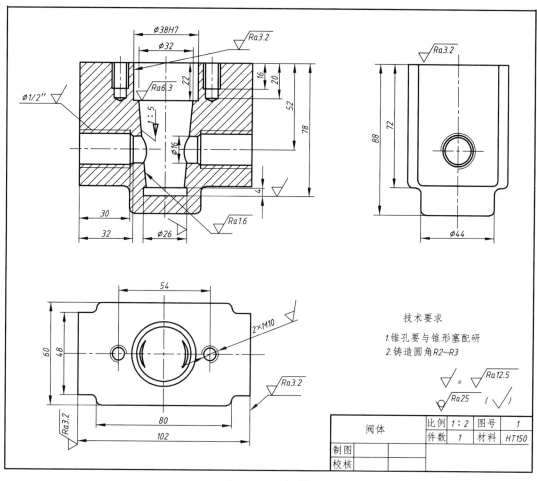

技术要求

1.锥孔要与锥形塞配研
2.铸造圆角 R2~R3

阀体	比例	1:2	图号	1
	件数	1	材料	HT150
制图				
校核				

图 3-227 阀体

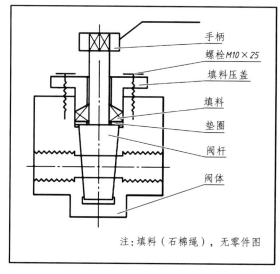

手柄
螺栓 M10×25
填料压盖
填料
垫圈
阀杆
阀体

注：填料（石棉绳），无零件图

图 3-228 装配示意图

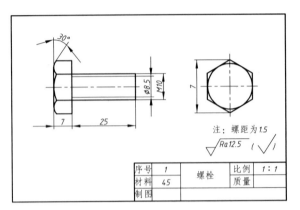

图 3-229 螺栓

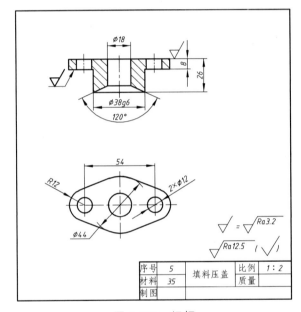

图 3-230 阀杆

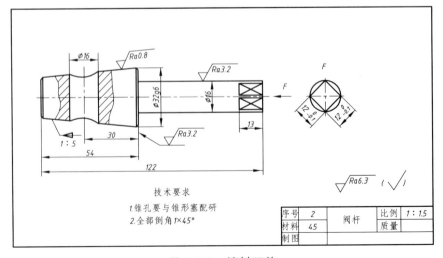

图 3-231 填料压盖

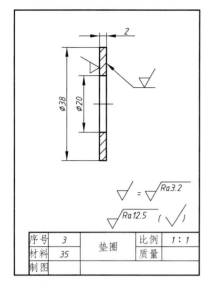

图 3-232　垫圈

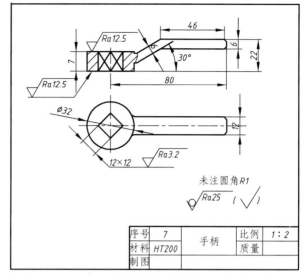

图 3-233　手柄

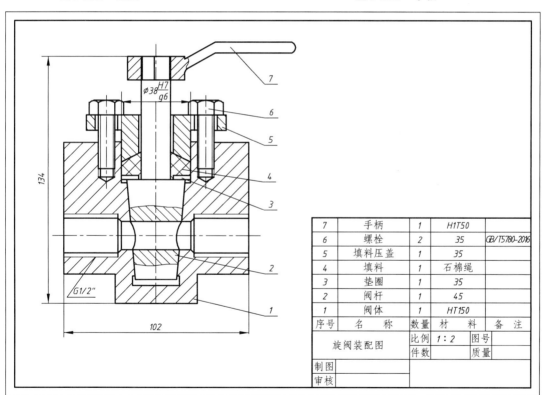

图 3-234　旋阀装配图

评分标准：采用恰当的表达方法，按 1:1 比例正确画出主视图得 60 分；正确标注出必要的尺寸得 10 分、零件序号 10 分；正确填写明细表 20 分。

项目四　铁路运输设备 AutoCAD 图形绘制

一、项目描述

通过项目三的学习，基本掌握了 AutoCAD 的绘图命令，本项目主要是利用前面学习的知识，绘制一些常见的铁路运输设备。

二、教学目标

1. 知识目标

（1）掌握 AutoCAD 的绘图工具使用。
（2）掌握 AutoCAD 的修改命令使用。
（3）掌握 AutoCAD 的图层命令使用。

2. 技能目标

（1）掌握 AutoCAD 的绘图顺序。
（2）掌握 AutoCAD 的鼠标键盘综合使用。
（3）掌握 AutoCAD 的文字命令使用。

3. 素质目标

（1）掌握左右手的综合使用及工作量分配。
（2）熟练掌握 AutoCAD 的绘图思路。

任务一　铁路信号设备图形绘制

一、进站信号机图形绘制

1. 图形命令讲解

如图 4-1 所示，本图主要侧重于圆命令——快捷键 "C"，直线命令——快捷键 "L"，填充命令——快捷键 "H"，偏移命令——快捷键 "O"，旋转命令——快捷键 "RO"，直线标注命令——快捷键"DLI"，直径标注命令——快捷键"DDI"的使用，结合图形我们开始学习绘图。

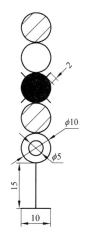

图 4-1　进站信号机

2．图形绘制顺序

绘制 $\phi10$ 的圆→填充 $\phi10$ 的圆（使用 ANSI31，填充比例 1.15）→绘制 $\phi10$ 的圆→填充圆（使用 SOLID）→绘制 $\phi10$ 的圆→向内偏移 2.5→绘制 15 的线→绘制 10 的线。

3．图形绘制思路

（1）绘制黄灯 U，先绘 $\phi10$ 的圆（快捷键"C"），如图 4-2 所示。

（2）填充 $\phi10$ 的圆（快捷键"H"），填充比例 1.15，如图 4-3 所示。

（3）绘制绿灯 L，复制 $\phi10$ 的圆（快捷键"CO"），如图 4-4 所示。

图 4-2　绘制 $\phi10$ 的圆

图 4-3　填充 $\phi10$ 的圆

图 4-4　绘制绿灯

（4）绘制红灯 H，复制黄灯（快捷键"CO"），修改填充图案 SOLID，如图 4-5 所示。

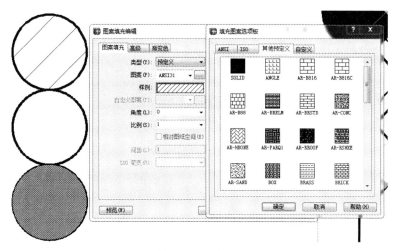

图 4-5　绘制绿灯-修改填充图案

（5）复制黄灯 U 至红灯 H 下面（快捷键 CO），如图 4-6 所示。

（6）绘制月白灯 B，复制绿灯 L，向内偏移 2.5，如图 4-7 所示。

（7）绘制支柱，绘制长度为 15 竖线，绘制长度为 10 的横线（快捷键"L"），如图 4-8 所示。

（8）绘制红灯 H 的定位显示，先过圆心绘制长度 7 的直线（快捷键"L"），旋转 45°（快捷键"RO"），镜像 2 次（快捷键"MI"），如图 4-9 所示。

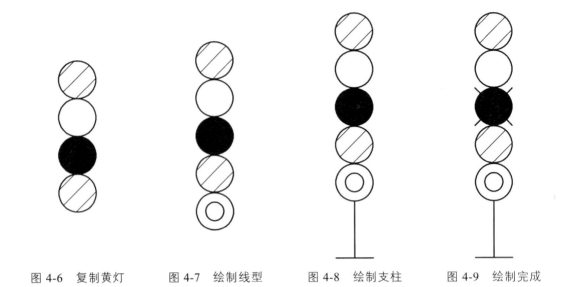

图 4-6　复制黄灯　　　　图 4-7　绘制线型　　　　图 4-8　绘制支柱　　　　图 4-9　绘制完成

二、出站信号机图形绘制

1．图形命令讲解

如图 4-10 所示，本图主要侧重于圆命令——快捷键"C"，直线命令——快捷键"L"，填充命令——快捷键"H"，偏移命令——快捷键"O"，旋转命令——快捷键"RO"，直线标注命令——快捷键"DLI"，直径标注命令——快捷键"DDI"的使用，结合图形我们开始学习绘图。

图 4-10　出站信号机

2．图形绘制顺序

绘制 $\phi10$ 的圆→复制 $\phi10$ 的圆→填充圆（使用 SOLID）→绘制 $\phi10$ 的圆→填充 $\phi10$ 的圆（使用 ANSI31，填充比例 1.15）→绘制 10 的线。

3．图形绘制思路

（1）绘制绿灯 L，先绘 $\phi10$ 的圆（快捷键"C"），如图 4-11 所示。

（2）绘制红灯 H，填充图案 SOLID（快捷键"H"）如图 4-12 所示。

（3）绘制黄灯 U，填充 ANSI31，填充比例 1.15（快捷键"H"），绘制 10 的线（快捷键"L"），如图 4-13 所示。

（4）绘制红灯 H 常亮，经过红灯圆心绘制 7 的线（快捷键"L"），旋转 45°（快捷键"RO"），镜像 2 次（快捷键"MI"），如图 4-14 所示。

图 4-11　绘制绿灯

图 4-12　绘制红灯

图 4-13　绘制黄灯

图 4-14　出站信号机

三、通过信号机图形绘制

如图 4-15 所示，通过信号机画法与出站信号机基本相似，需要增加一条长 15 的竖直线，并将常亮绘制于绿灯 L 上，此处不做讲解。

图 4-15　通过信号机

四、遮断信号机图形绘制

1．图形命令讲解

如图 4-16 所示，本图主要侧重于圆命令——快捷键"C"，直线命令——快捷键"L"，填充命令——快捷键"H"，偏移命令——快捷键"O"，旋转命令——快捷键"RO"，直线标注命令——快捷键"DLI"，直径标注命令——快捷键"DDI"的使用，结合图形我们开始学习绘图。

2．图形绘制顺序

绘制 $\phi10$ 的圆→填充圆（使用填充样式为"SOLID"）→绘制边长 15 的正方形→将正方形旋转 45°→绘制 15 和 10 的线→将 15 的线左右各偏移 1→填充两竖线（填充比例 0.6）。

图 4-16　遮断信号机

3．图形绘制思路

（1）绘制红灯 H，先绘 $\phi10$ 的圆（快捷键"C"），填充 SOLID，如图 4-17 所示。

（2）绘制边长 15 正方形（快捷键"POL"），旋转 45°（快捷键"RO"），如图 4-18 所示。

（3）绘制 15 和 10 线（快捷键"L"），将 15 的线左右偏移 1（快捷键"O"），并延长至正方形（快捷键"EX"），如图 4-19 所示。

（4）填充两条竖线（快捷键"H"），填充比例 0.6，如图 4-20 所示。

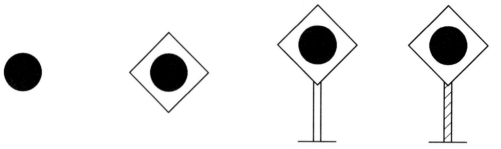

图 4-17　绘制红灯　　图 4-18　绘制并旋转正方形　　图 4-19　绘制支柱　　图 4-20　遮断信号机

五、预告信号机图形绘制

1．图形命令讲解

如图 4-21 所示，预告信号机分两种，一种是主体信号机的预告信号机，还有一种是遮断信号机的预告信号机。本图主要侧重于圆命令——快捷键"C"，直线命令——快捷键"L"，填充命令——快捷键"H"，偏移命令——快捷键"O"，旋转命令——快捷键"RO"，直线标注命令——快捷键"DLI"，直径标注命令——快捷键"DDI"的使用，结合图形我们开始学习绘图。

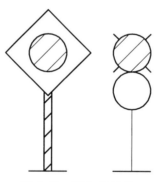

图 4-21　预告信号机

2．图形绘制顺序

（1）遮断信号机的预告信号机绘制方法同遮断信号机一样，只需将填充由"ANSI"修改成"ANSI31"，并调整比例为 1.15，此处不再绘制。

（2）主体信号机的预告信号机绘制步骤为绘制 ϕ10 的圆→填充 ϕ10 的圆，使用"ANSI31"（填充比例 1.15）→绘制 ϕ10 的圆→绘制 15 和 10 的线。

3．图形绘制思路

（1）绘制黄灯 U，先绘 ϕ10 的圆（快捷键"C"），填充"ANSI31"，填充比例为 1.15，如图 4-22 所示。

（2）绘制绿灯 L（快捷键"C"），如图 4-23 所示。

（3）绘制 15 和 10 的线（快捷键"L"），如图 4-24 所示。

（4）绘制黄灯 U 常亮，如图 4-25 所示。

 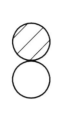  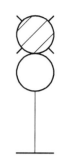

图 4-22　绘制黄灯　　　图 4-23　绘制绿灯　　　图 4-24　绘制支柱　　图 4-25　绘制完成

六、调车信号机图形绘制

1．图形命令讲解

如图 4-26 所示，调车信号机由月白和蓝灯组成，蓝灯为信号的关闭状态，月白为开放状态，本图主要侧重于圆命令——快捷键"C"，直线命令——快捷键"L"，填充命令——快捷键"H"，偏移命令——快捷键"O"，旋转命令——快捷键"RO"，直线标注命令——快捷键"DLI"，直径标注命令——快捷键"DDI"的使用，结合图形我们开始学习绘图。

图 4-26　调车信号机

2．图形绘制顺序

绘制 φ10 的圆→向内偏移 2.5→复制此图并向下移动 10→填充小圆→绘制 10 的线。

3．图形绘制思路

（1）绘制月白灯 B，先绘 φ10 的圆（快捷键"C"），向内偏移 2.5（快捷键"O"），如图 4-27 所示。

（2）绘制蓝灯 A，先复制月白灯 B，并向下移 10（快捷键"C""O"），填充小圆（快捷键"H"），填充图案为 SOLID，并绘制 10 的线（快捷键"L"），如图 4-28 所示。

（3）绘制蓝灯 A 常亮，通过蓝灯 A 圆心绘制 7 的线（快捷键"L"），旋转 45°（快捷键"RO"），再镜像 2 次（快捷键"MI"），如图 4-29 所示。

图 4-27　绘制月白灯　　图 4-28　绘制蓝灯和直线　　图 4-29　绘制完成

任务二 铁路线路设备图形绘制

一、铁路钢轨图形绘制

1．图形命令讲解

如图 4-30 所示，本图主要侧重于圆命令——快捷键"C"，直线命令——快捷键"L"，填充命令——快捷键"H"，偏移命令——快捷键"O"，直线标注命令——快捷键"DLI"，直径标注命令——快捷键"DDI"的使用，结合图形我们开始学习绘图。

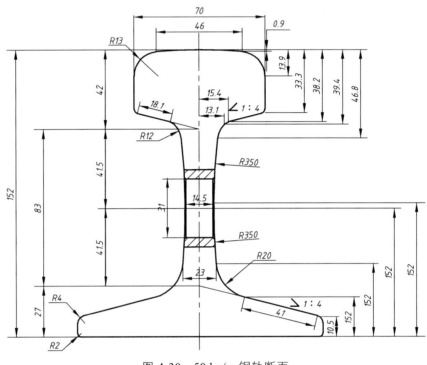

图 4-30　50 kg/m 钢轨断面

2．图形绘制顺序

绘制 132×152 的矩形→底边上偏移 10.5→绘制斜度 1∶4 的线→绘制 R20 的圆弧→绘制 R350 的圆弧→绘制 R12 的圆弧→绘制 R5 的圆弧→绘制直线→绘制 R13 的圆弧→绘制 R300 的圆弧。

3．图形绘制思路

（1）绘制 132×152 的矩形（快捷键"REC"），绘制竖向中心线（快捷键"L"），如图 4-31 所示。

（2）向上偏移 10.5（快捷键"O"），并绘制出斜度 1∶4 的线（快捷键"L"），先绘制横线 4，再绘制竖线 1，将两条线另外两个端点连起来就是斜度 1∶4 的线，如图 4-32 所示。

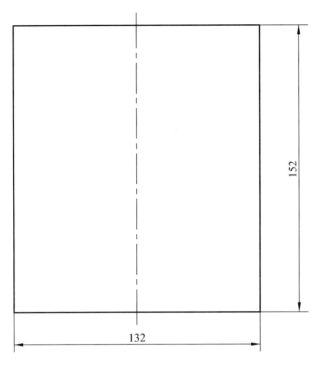

图 4-31　绘制矩形

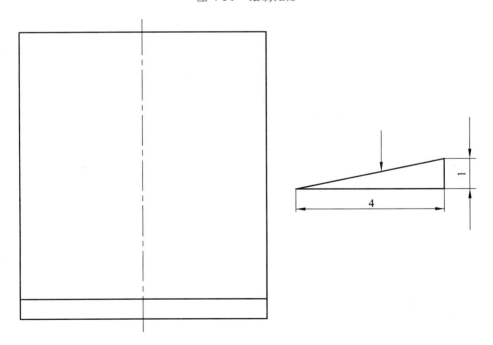

图 4-32　偏移并绘制斜线

（3）将斜度 1∶4 的线移至交点处（快捷键"M"），并延伸至中心线处（快捷键"EX"），并倒圆角 $R2$ 和 $R4$，如图 4-33 所示。

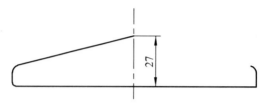

图 4-33　移动斜线并倒圆角

（4）将斜线长度调整为 40.1，将底线向上偏移 38.7（快捷键"O"），再将中心线向左偏移 9，获得交点，以交点为圆心画 $R20$ 的圆（快捷键"C"），然后过斜线端点画 $R20$ 的圆，最后以两圆交点为圆心画 $R20$ 的圆，剪切多余的线条获得 $R20$ 的圆弧，如图 4-34 所示。

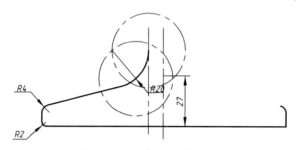

图 4-34　绘制 $R20$ 的圆弧

（5）中心线向左偏移 15.5/2 = 7.75（快捷键"O"），将底线向上偏移 68.5，以交点为圆心画 $R350$ 的圆（快捷键"C"），再以 $R20$ 圆弧上端点为圆心绘制 $R350$ 的圆，以两圆的交点为圆心，绘制 $R350$ 的圆，如图 4-35 所示。

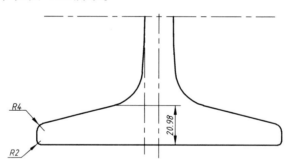

图 4-35　绘制 $R350$ 的圆弧

（6）绘制钢轨上半部分，将顶部的线向下偏移 0.9，再偏移 13，中心线向左偏移 35（快捷键"O"），再将中心线向左偏移 23，以交点①和②为圆心绘制 $R13$ 的圆，然后以两圆交点③为圆心绘制 $R13$ 的圆，最后剪切多余的线条（快捷键"TR"），如图 4-36 所示。

（7）绘制 $R300$ 的圆弧，$R13$ 圆弧内切于 $R300$ 的圆，同时和顶边相切，故绘制顺序如下：过 $R13$ 的圆心绘制半径为 300 – 13 = 287 的圆（快捷键"C"），偏移顶边 300 的直线（快捷键"O"），得到交点为 $R300$ 的圆心，绘制 $R300$ 的圆弧，剪切多余线条（快捷键"TR"），如图 4-37 所示。

（8）顶边向下偏移 33.3 的直线（快捷键"O"），与竖线相交，确定竖线位置，镜像底边斜度为 1 : 4 的线（快捷键"MI"），并将其移动至距离顶边 42 的位置（快捷键"M"），剪切多余的线条（快捷键"TR"），并倒圆角 $R2.5$（快捷键"F↓R↓2.5↓"），如图 4-38 所示。

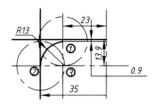

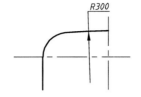

图 4-36　绘制 R13 的圆弧　　　图 4-37　绘制 R300 的圆弧

（9）绘制 R5 的圆弧思路为已知圆弧的两个点和圆弧半径为 R5，通过两个点绘制 R5 的圆，相交的交点即为 R5 圆弧的圆心，再绘制 R5 的圆弧，即为该圆弧。绘制步骤：偏移顶边 38.2（快捷键"O"），偏移竖向中心线 15.4，得到第一点，偏移顶边 39.4，偏移竖向中心线 13.1，得到第二点，以这两点为圆心分别绘制两个 R5 的圆弧，再以交点为圆心绘制 R5 的圆（快捷键"C"），剪切多余线条（快捷键"TR"），得到 R5 的圆弧，如图 4-39 所示。

（10）绘制 R12 的圆弧，绘制思路和步骤与 R5 的圆弧一样，如图 4-40 所示。

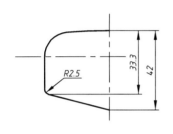

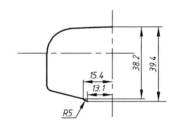

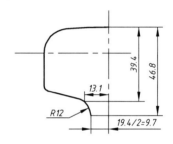

图 4-38　绘制直线　　　图 4-39　绘制 R5 的圆弧　　　图 4-40　绘制 R12 的圆弧

（11）绘制 R350 的圆弧，绘制思路和步骤与 R12 的圆弧一样，如图 4-41 所示。

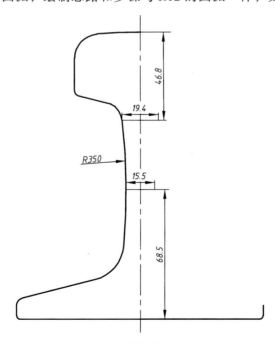

图 4-41　绘制 R350 的圆弧

（12）镜像左面的图形（快捷键"MI"），绘制完成，并标注相关尺寸，如图 4-42 所示。

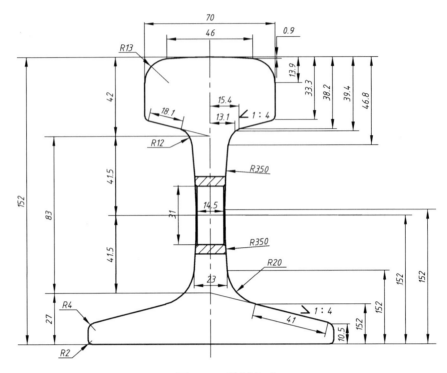

图 4-42　绘制完成

注意：中间孔的特征，如图 4-43 所示。

二、铁路站舍图形绘制

1．图形命令讲解

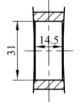

图 4-43　中间孔的
细部特征

如图 4-44 所示，本图主要侧重于圆命令——快捷键"C"，直线命令——快捷键"L"，填充命令——快捷键"H"，偏移命令——快捷键"O"，矩形命令——快捷键"REC"，直线标注命令——快捷键"DLI"，半径标注命令——快捷键"DRA"的使用，结合图形我们开始学习绘图。

2．图形绘制顺序

绘制 11×6 的矩形→绘制 6 的直线并居中→连接斜线→偏移 6 的直线 1.5→绘制 ϕ0.5 的圆→填充 ϕ0.5 的圆。

3．图形绘制思路

（1）绘制 11×6 的矩形（快捷键"REC"），如图 4-45 所示。

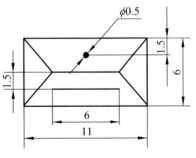

图 4-44　站舍图例

（2）绘制 6 的直线（快捷键"L"），并移至居中位置（快捷键"M"），如图 4-46 所示。

（3）连接斜线，先绘制斜线（快捷键"L"），再镜像两次即可（快捷键"MI"），如图 4-47 所示。

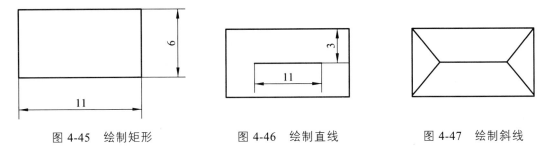

图 4-45　绘制矩形　　　　　　图 4-46　绘制直线　　　　　　图 4-47　绘制斜线

（4）偏移 6 的直线（快捷键"O"），如图 4-48 所示。

（5）绘制 $\phi0.5$ 的圆（快捷键"C"），并填充（快捷键"H"），填充材料为 SOLID，如图 4-49 所示。

添加尺寸标注，并最终出图，如图 4-50 所示。

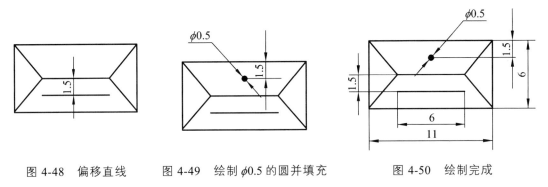

图 4-48　偏移直线　　　图 4-49　绘制 $\phi0.5$ 的圆并填充　　　　图 4-50　绘制完成

三、铁路站场图形绘制

1．图形命令讲解

如图 4-51 所示，本图主要侧重于圆命令——快捷键"C"，直线命令——快捷键"L"，填

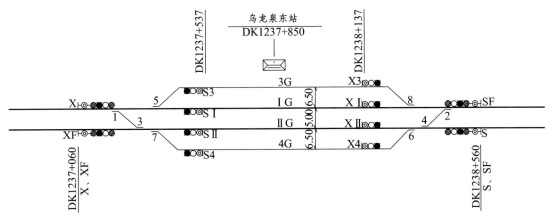

图 4-51　铁路站场图例

充命令——快捷键"H"，偏移命令——快捷键"O"，矩形命令——快捷键"REC"，直线标注命令——快捷键"DLI"，半径标注命令——快捷键"DRA"，文字命令——快捷键"T"的使用。结合图形我们开始学习绘图。

2．图形绘制顺序

绘制正线→绘制到发线→绘制进站信号机→绘制出站信号机→绘制站舍→补充文字。

3．图形绘制思路

（1）绘制长度 250 mm 的两条正线（快捷键"L"），间隔为 10 mm（快捷键"O"），此处两正线间隔为 5 m，由于需要统一图例，故绘图时将两正线和到发线的间隔统一定为 10 mm，如图 4-52 所示。

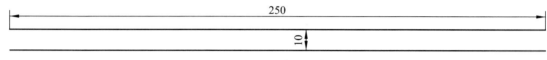

图 4-52　绘制正线

（2）绘制长度为 103 mm 的到发线（快捷键"O"），并居中（快捷键"TR"），道岔角度定为 42°（快捷键"RO"）横线长度为 3（快捷键"L"），再镜像（快捷键"MI"），如图 4-53 所示。

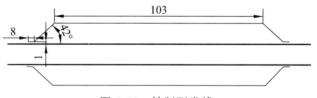

图 4-53　绘制到发线

（3）绘制进站信号机，前面已经有进站信号机的绘制方法，此处不做叙述，如图 4-54 所示。

图 4-54　绘制进站信号机

（4）绘制出站信号机，前面已经有出站信号机的绘制方法，此处不做叙述，如图 4-55 所示。

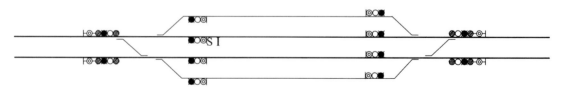

图 4-55　绘制出站信号机

（5）绘制站舍，前面已经有站舍的绘制方法，此处不做叙述，如图 4-56 所示。

图 4-56　绘制站舍

（6）标注道岔名（快捷键 T），上行为双数，下行为单数，联动道岔需连续编号，如图 4-57 所示。

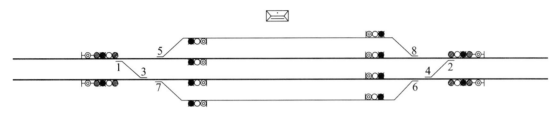

图 4-57　标注道岔名称

（7）标注进出站信号机名（快捷键 "T"），上行为 S，下行为 X，反向信号机在后面加 F，正线用罗马数字标识，到发线用阿拉伯数字标识，如图 4-58 所示。

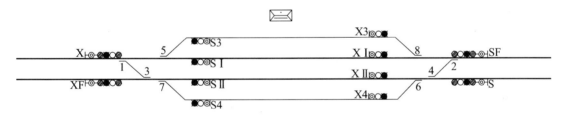

图 4-58　标注信号机名称

（8）标注股道轨道电路名（快捷键 "T"），正线用罗马数字标识，到发线用阿拉伯数字标识，后面加 G，如图 4-59 所示。

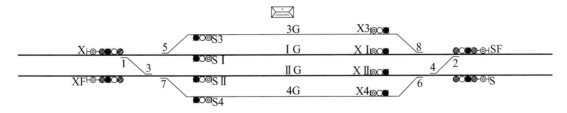

图 4-59　标注股道轨道电路名称

（9）标注站名、信号机和站舍位置（快捷键 "T"），如图 4-60 所示。

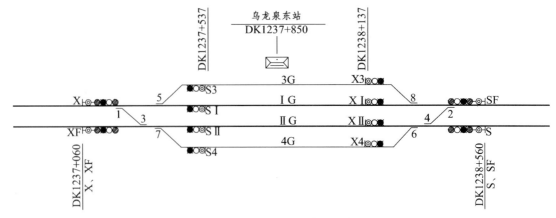

图 4-60　标注站名和信号机位置

（10）标注股道间距，此处因为间隔都是 10，所以需要修改标注，步骤为先统一标注好，然后输入快捷键"ED"，点击需要修改的尺寸，将原有尺寸"<>"删除，输入新的尺寸即可，如图 4-61 所示。

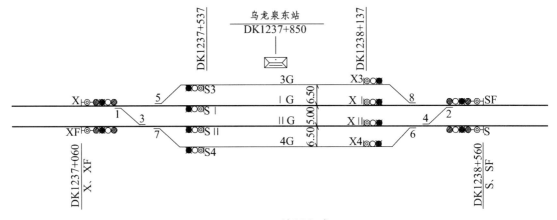

图 4-61　绘制完成

注：本图为写龙泵东站示意图，实际站场按实际尺寸绘制。

任务三　铁路机车车辆设备图形绘制

一、车辆限界图形绘制

1．图形命令讲解

如图 4-62 所示，本图主要侧重于直线命令——快捷键"L"，直线标注命令——快捷键"DLI"，偏移命令——快捷键"O"，镜像命令——快捷键"MI"的使用，结合图形我们开始学习绘图。

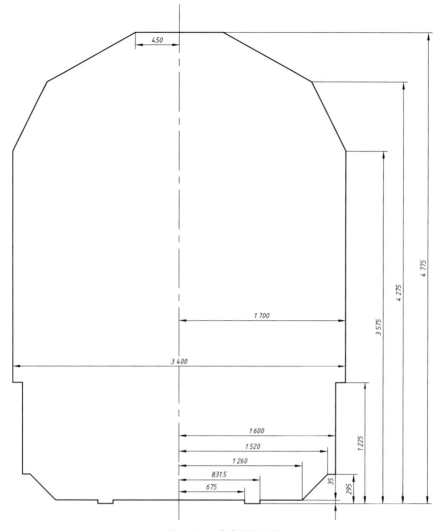

图 4-62　车辆限界图

2．图形绘制顺序

根据所给尺寸，用直线命令绘制即可。

3．图形绘制思路

（1）绘制竖向中心线（快捷键"L"）和长度 675 的横线，如图 4-63 所示。

（2）绘制直线（快捷键"L"）尺寸参考图 4-61，如图 4-64 所示。

（3）绘制直线（快捷键"L"）尺寸参考图 4-61，如图 4-65 所示。

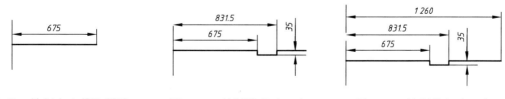

图 4-63　绘制中心线和横线　　　图 4-64　绘制线条（一）　　　图 4-65　绘制线条（二）

（4）绘制直线（快捷键"L"）尺寸参考图 4-62，如图 4-66 所示。

（5）绘制直线（快捷键 L）尺寸参考图 4-62，如图 4-67 所示。

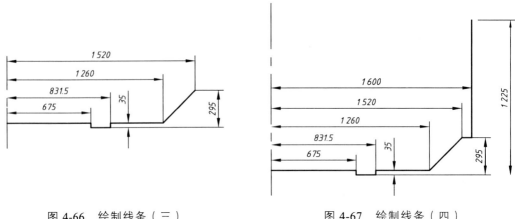

图 4-66　绘制线条（三）　　　　　　　图 4-67　绘制线条（四）

（6）绘制直线（快捷键"L"）尺寸参考图 4-62，如图 4-68 所示。

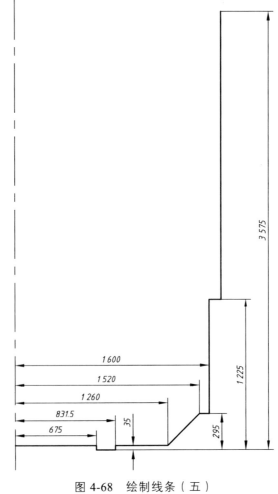

图 4-68　绘制线条（五）

（7）绘制直线（快捷键"L"）尺寸参考图 4-62，如图 4-69 所示。

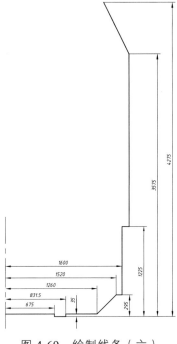

图 4-69　绘制线条（六）

（8）绘制直线（快捷键"L"）尺寸参考图 4-62，如图 4-70 所示。

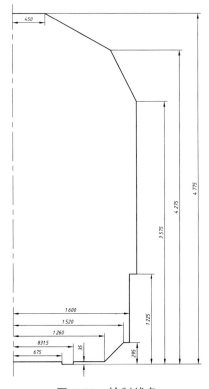

图 4-70　绘制线条

（9）镜像图形的粗实线（快捷键"MI"），绘制完成，如图4-71所示。

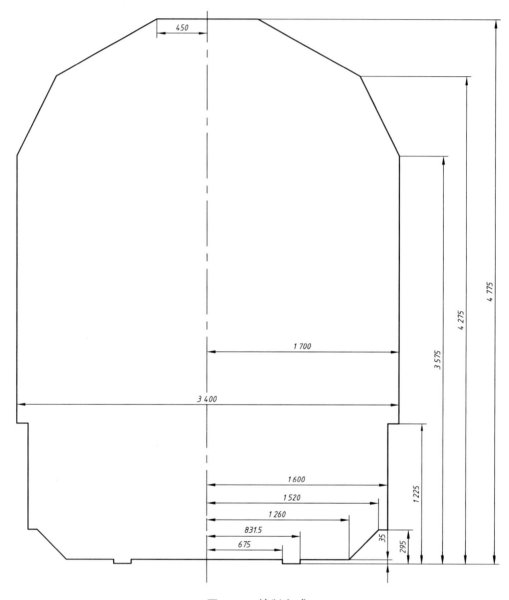

图 4-71　绘制完成

二、305×254 制动缸绘制

1．图形命令讲解

如图 4-72 所示，本图主要侧重于矩形命令——快捷键"REC"，直线命令——快捷键"L"，圆命令——快捷键"C"，直线标注命令——快捷键"DLI"，半径标注命令——快捷键"DRA"，角度标注命令——快捷键"DAN"，偏移命令——快捷键"O"，镜像命令——快捷键"MI"的使用，结合图形我们开始学习绘图。

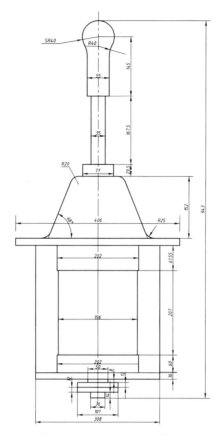

图 4-72　305×254 制动缸

2．图形绘制顺序

绘制底部→绘制缸体→绘制颈部→绘制顶部→添加标注。

3．图形绘制思路

（1）绘制 36×14 的矩形（快捷键"REC"），如图 4-73 所示。

（2）绘制 101×12 的矩形（快捷键"REC"），并复制（快捷键"CO"或者"CP"），与原矩形对齐（快捷键"M"），如图 4-74 所示。

（3）绘制 50×8 和 308×16 的矩形（快捷键"REC"），与原矩形对齐（快捷键"M"），如图 4-75 所示。

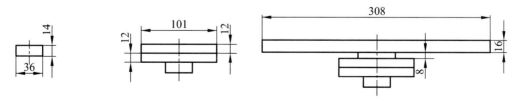

图 4-73　绘制矩形（一）　图 4-74　绘制矩形（二）　　　　图 4-75　绘制矩形

（4）绘制 308×345.5 和 406×17.5 的矩形（快捷键"REC"），与原矩形对齐（快捷键"M"），如图 4-76 所示。

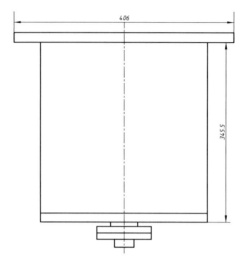

图 4-76　绘制矩形（四）

（5）绘制相距 152 的线（快捷键"O"），绘制角度为 68° 的线（快捷键"RO"），移至 61.75/2 = 30.875 处（快捷键"M"），与顶线倒圆角 $R20$（快捷键"F↓R↓20↓"），与底线倒圆角 $R25$（快捷键"F↓R↓25↓"），如图 4-77 所示。

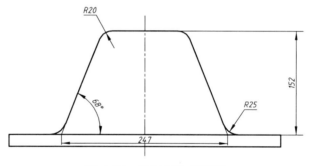

图 4-77　绘制制动缸颈部

（6）绘制 77×29.5 和 35×167.5 的矩形（快捷键"REC"），与原矩形对齐（快捷键"M"），如图 4-78 所示。

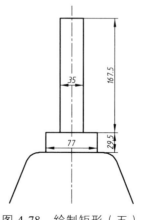

图 4-78　绘制矩形（五）

（7）将顶边向上偏移 145（快捷键"O"），获得球心，绘制 SR40 的球（快捷键"C"），中心线左右各偏移 55/2 = 27.5（快捷键"O"），剪切多余的线条（快捷键"TR"），此处需要修改 SR40（快捷键"ED"），如图 4-79 所示。

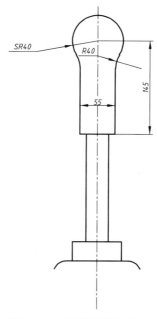

图 4-79 绘制制动缸顶部

（8）绘制制动缸的内轮廓，绘制 202×60、202×61.55 和 196×207 三个矩形（快捷键"REC"），与原矩形对齐（快捷键"M"），如图 4-80 所示。

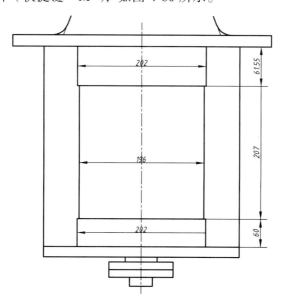

图 4-80 绘制制动缸内轮廓

（9）标注图形（直线标注"DLI"、半径标注"DRA"、角度标注"DAN"和标注修改"ED"），图形绘制完成，如图 4-81 所示。

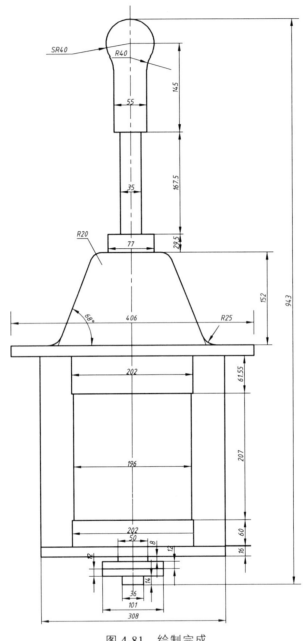

图 4-81　绘制完成

三、车轴图形绘制

1．图形命令讲解

如图 4-82 所示，本图主要侧重于矩形命令——快捷键"REC"，直线命令——快捷键"L"，圆命令——快捷键"C"，直线标注命令——快捷键"DLI"，半径标注命令——快捷键"DRA"，角度标注命令——快捷键"DAN"，偏移命令——快捷键"O"，镜像命令——快捷键"MI"的使用。另外，还要学习尺寸公差和形位公差的标注，结合图形我们开始学习绘图。

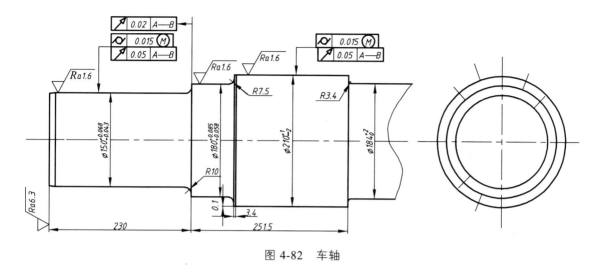

图 4-82　车轴

2．图形绘制顺序

绘制轴径→绘制防尘挡座→绘制轮盘座→绘制侧视图→添加标注。

3．图形绘制思路

（1）绘制 230×150 的矩形（快捷键"REC"），如图 4-83 所示。

（2）倒角 1×10（快捷键"CHA"），操作过程："CHA↓D↓1↓10↓"，先点选竖边，再点选横边，并绘制中心线（快捷键"L"），如图 4-84 所示。

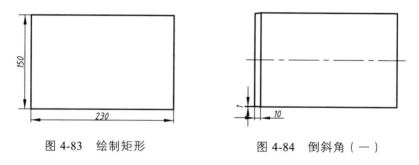

图 4-83　绘制矩形　　　　　　图 4-84　倒斜角（一）

（3）绘制 68×180 的矩形（快捷键"REC"），如图 4-85 所示。

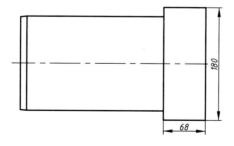

图 4-85　绘制矩形（一）

（4）绘制 183.5×210 的矩形（快捷键"REC"），如图 4-86 所示。

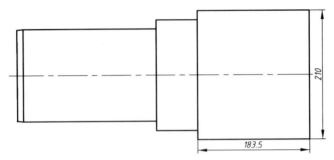

图 4-86　绘制矩形（二）

（5）绘制任意长度，间隔为 184 的线（快捷键 "L"），居中于中心线，并绘制样条曲线（快捷键 "SPL"），如图 4-87 所示。

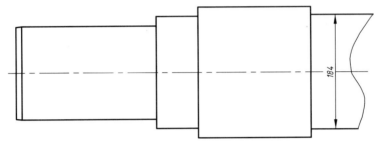

图 4-87　绘制直线和样条曲线

（6）倒圆角 *R*10，*R*7.5 和 *R*3.4（快捷键 "F↓R↓半径↓"），如图 4-88 所示。

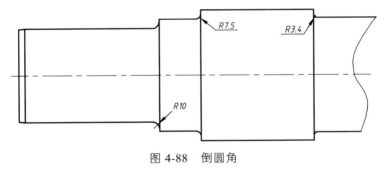

图 4-88　倒圆角

（7）倒斜角 0.1×3.4（快捷键 "CHA"），操作过程："CHA↓D↓0.1↓3.4↓"，先点选竖边，再点选横边，如图 4-89 所示。

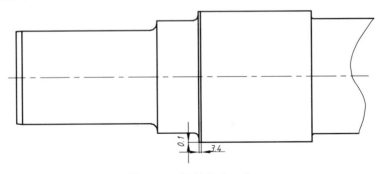

图 4-89　倒斜角（二）

（8）根据圆直径绘制侧视图（快捷键"C"），注意一共有 6 个圆，5 个粗实线，1 个细虚线，ϕ180 的圆使用细虚线，颜色为黄色，线型为 DASHED（快捷键"LA"），如图 4-90 所示。

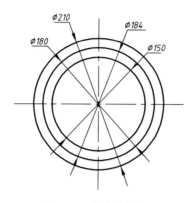

图 4-90　绘制侧视图

（9）标注半径和线性尺寸（快捷键"DLI"），并标注直径和尺寸公差（快捷键"ED"）。"ϕ"的标注方法是在文本框中输入"%%C"。尺寸公差的标注以 ϕ150 的尺寸公差为例，要标识出该尺寸公差，步骤如下：输入命令"ED↓"，输入"%%C<>+0.068^+0.043"，其中"%%C"为"ϕ"，"<>"为原尺寸，不用动，此处指 150，"^"是按"Shift+6"，然后鼠标框选"+0.068^+0.043"，点击"a/b"即可，如图 4-91 所示。

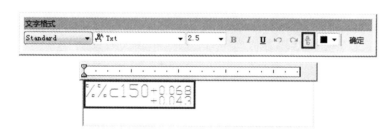

图 4-91　尺寸公差标注方法

用相同的方法标注剩余的尺寸公差即可，并标注半径（快捷键"DRA"），如图 4-92 所示。

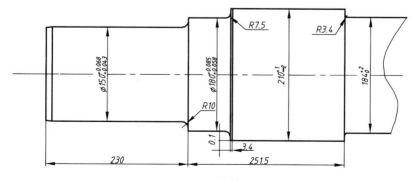

图 4-92　线性标注

（10）标注形位公差，以圆跳动为例，要标出此符号，首先鼠标右击工具栏空白区域，选择"ACAD"，再选择左击"标注"，弹出标注栏，选择图 4-93 中方框内的按钮即可。

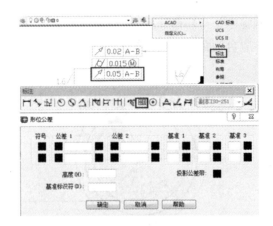

图 4-93　标注形位公差（一）

以图 4-94 框选的几何公差为例，点选符号下的黑色框格，选择跳动，公差 1 下输入"0.05"，公差 2 下输入"*A—B*"，点击确定即可，如图 4-94 所示。

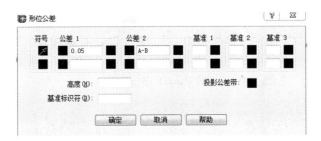

图 4-94　标注形位公差（二）

按同样的方法标注剩余的形位公差，并绘制引线（快捷键"LE"），如图 4-95 所示。

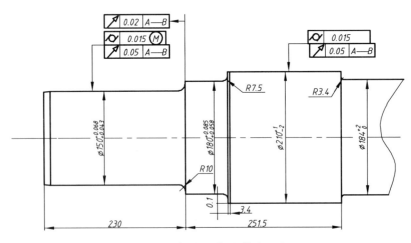

图 4-95　标注形位公差（三）

（11）标注粗糙度，先绘制边长为 10 的三角形（快捷键"POL"），再解包三角形，延长一条斜边 10，然后作水平线 10，最后输入粗糙度"*Ra*6.3"和"*Ra*1.6"，即可，如图 4-96 所示。

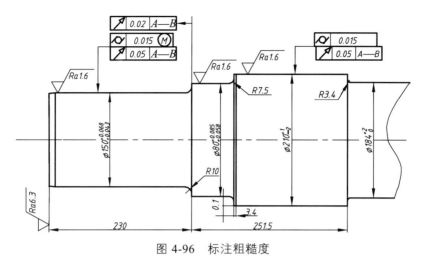

图 4-96　标注粗糙度

（12）本张零件图主要让学生学习标注方法，最终效果如图 4-82 所示。

任务四　铁路相关图形绘制

一、铁路路徽图形绘制

1．图形命令讲解

如图 4-97 所示，本图主要侧重于圆命令——快捷键"C"，直线命令——快捷键"L"，偏移命令——快捷键"O"，直线标注命令——快捷键"DLI"，直径标注命令——快捷键"DDI"，半径标注命令——快捷键"DRA"的使用，结合图形我们开始学习绘图。

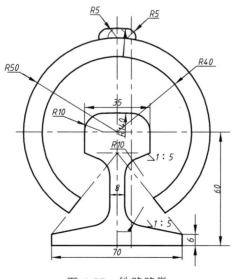

图 4-97　铁路路徽

2．图形绘制顺序

绘制 $R40$ 的圆→绘制 $R50$ 的圆→绘制 $R5$ 的圆→绘制 $R55$ 的圆→绘制 $R5$ 的圆→绘制 70 的线→向上偏移 6→剪切两同心圆→绘制斜度 1∶5 的线→绘制相距 8 的线→绘制相距 35 的线→绘制 $R10$ 的圆→绘制 $R140$ 的圆→绘制斜度 1∶5 的线→倒圆角 $R10$。

3．图形绘制思路

（1）绘制 $R40$ 和 $R50$ 的圆（快捷键"C"和"O"），并绘制中心线（快捷键"L"），如图 4-98 所示。

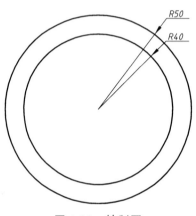

图 4-98 绘制圆

（2）绘制 $R5$ 的中心线（快捷键"C"）并剪切多余的线（快捷键"TR"），如图 4-99 所示。

（3）以中心线和 $R50$ 的圆的交点绘制两个 $R5$ 的圆（快捷键"C"），并剪切多余的线（快捷键"TR"），如图 4-100 所示。

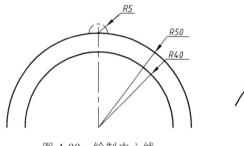

图 4-99 绘制中心线

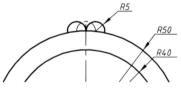

图 4-100 绘制圆弧

（4）绘制两圆弧的公切圆 $R55$（快捷键"C"），操作步骤为"C↓T↓"点选两 $R5$ 的圆弧，输入"55↓"，并剪切多余的线（快捷键"TR"），如图 4-101 所示。

（5）将中心线偏移 11 和 60（快捷键"O"），如图 4-102 所示。

（6）绘制路徽底部，先绘制 70 的线（快捷键"L"），再绘制 6 的线，再与中间的中心线相连，剪切多余的线（快捷键"TR"），如图 4-103 所示。

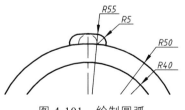

图 4-101 绘制圆弧

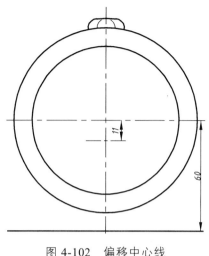

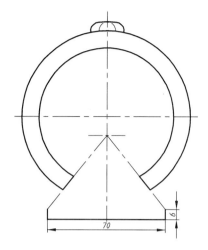

图 4-102　偏移中心线　　　　　　　　图 4-103　绘制路徽底部

（7）绘制斜度为 1 : 5 的线，先绘制长度为 1 的竖线（快捷键 "L"），再绘制长度为 5 的横线，连接另外两个端点完成斜度为 1 : 5 的线，如图 4-104 所示。

（8）将斜线移至长度为 6 的线的顶点（快捷键 "M"），再将中心线偏移 4（快捷键 "O"），并倒圆角 R10（快捷键 "F↓R↓10↓"），如图 4-105 所示。

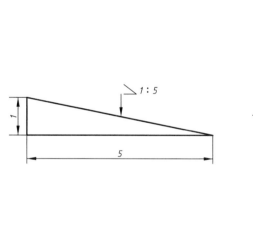

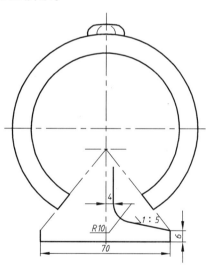

图 4-104　绘制斜线　　　　　　　　　图 4-105　绘制钢轨底部

（9）绘制钢轨顶部，左右各偏移 35/2 = 17.5 的线，长度为 11（快捷键 "O"），再偏移 10，获得两个 R10 的圆心画圆（快捷键 "C"），并绘制两圆的公切圆 R140（快捷键 "C↓T↓"，点选两圆，输入 "140↓"），如图 4-106 所示。

（10）绘制钢轨颈部，镜像斜度为 1 : 5 的线（快捷键 "MI"），移动至 11 的线的下端点，并与竖线倒圆角 R10（快捷键 "F↓R↓10↓"），并镜像图形（快捷键 "MI"），如图 4-107 所示。

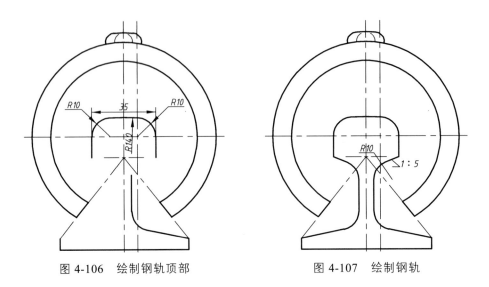

图 4-106 绘制钢轨顶部   图 4-107 绘制钢轨

（11）标注尺寸，绘图完成，如图 4-108 所示。

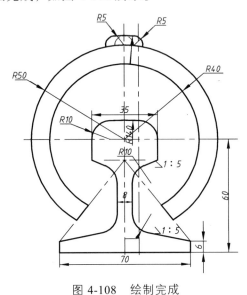

图 4-108 绘制完成

二、车站阶段作业计划实训模板图形绘制

1．图形命令讲解

如图 4-109 所示，本图主要侧重于直线命令——快捷键"L"，偏移命令——快捷键"O"，直线标注命令——快捷键"DLI"，剪切命令——快捷键"TR"，文字命令——快捷键"T"的使用，结合图形我们开始学习绘图。

2．图形绘制顺序

绘制外框→绘制细格→添加文字→添加附表。

乙站技术作业图表

			18:00				19:00				20:00				21:00				22:00
列车到发	甲方向	乙站																	
	丙方向																		
列车编组内容																			
到发场	I																		
	II																		
	3																		
	4																		
	6																		
	7																		
	驼峰																		
	牵出线																		
调车场	8 甲及其以远																		
	9 乙—甲																		
	10 丙及其以远																		
	11 乙—丙																		
	12 本站卸车																		
	13 特种车																		
	14 站修线																		
装卸	货场																		
	机务段																		
调机动态	牵出线																		
	驼峰																		

姓名	
班级	
指导教师	

图 4-109　车站阶段作业计划实训模板

3．图形绘制思路

（1）绘制 290×330 的矩形（快捷键"REC"），如图 4-110 所示。

（2）解包矩形（快捷键"X"），上顶边偏移 10（快捷键"O"），从右往左逐个偏移 10 个单位的竖线 24 条，如图 4-111 所示。

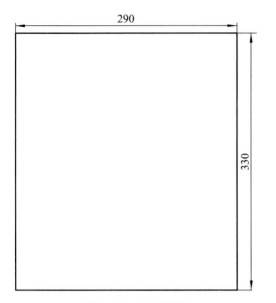

图 4-110　绘制矩形

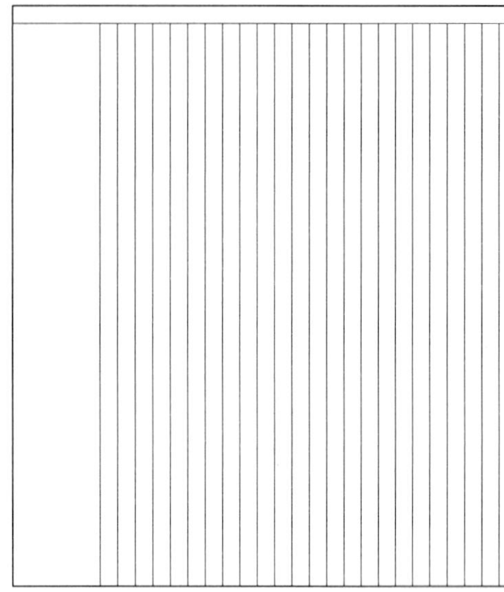

图 4-111　绘制线条（一）

（3）将横线向下 2 次偏移 10（快捷键"O"），剪切多余线（快捷键"TR"），再偏移 50，再偏移 6 次距离为 10，如图 4-112 所示。

（4）将横线向下 2 次偏移 20（快捷键"O"），偏移 7 次距离为 10，再向下次偏移 20，如图 4-113 所示。

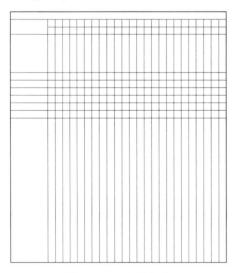

图 4-112　绘制线条

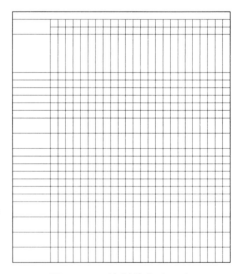

图 4-113　绘制线条（三）

（5）按所给图示整理图形，如图 4-114 所示。

（6）添加文字（快捷键"T"），此处注意箭头使用引线命令（快捷键"LE"），小字字高 2.5，大字字高 5.0，如图 4-115 所示。

图 4-114　绘制线条（四）

乙站技术作业图表

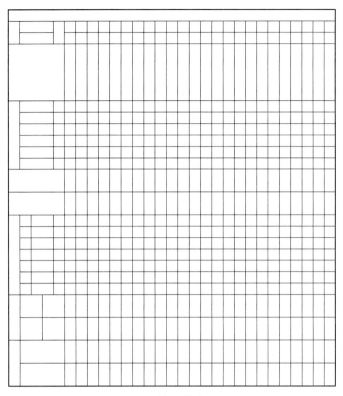

		18:00	19:00	20:00	21:00	22:00
列车到发	甲方向	乙站				
	丙方向					
列车编组内容						
到发场	I					
	II					
	3					
	4					
	6					
	7					
驼峰						
牵出线						
调车场	8 甲及其以远					
	9 乙—甲					
	10 丙及其以远					
	11 乙—丙					
	12 本站卸车					
	13 特种车					
	14 站修线					
装卸	货场					
	机务段					
调机动态	牵出线					
	驼峰					

图 4-115　添加文字

（7）添加学生信息，车站阶段作业计划实习模板绘制完成，如图 4-116 所示。

乙站技术作业图表

			18:00				19:00				20:00				21:00				22:00
列车到发	甲方向	乙站																	
	丙方向																		
列车编组内容																			
到发场	I																		
	II																		
	3																		
	4																		
	6																		
	7																		
驼峰																			
牵出线																			
调车场	8	甲及以远																	
	9	乙—甲																	
	10	丙及以远																	
	11	乙—丙																	
	12	本站卸车																	
	13	特种车																	
	14	站修线																	
装卸	货场																		
	机务段																		
调机动态	牵出线																		
	驼峰																		

姓名	
班级	
指导教师	

图 4-116　绘制完成

三、运行图实训模板图形绘制

1. 图形命令讲解

如图 4-117 所示，本图主要侧重于直线命令——快捷键"L"，偏移命令——快捷键"O"，直线标注命令——快捷键"DLI"，剪切命令——快捷键"TR"，文字命令——快捷键"T"的使用，结合图形我们开始学习绘图。

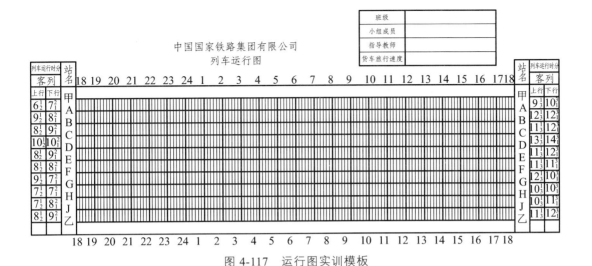

中国国家铁路集团有限公司
列车运行图

班级	
小组成员	
指导教师	
货车旅行速度	

图 4-117　运行图实训模板

2．图形绘制顺序

绘制外框→绘制细格→添加文字→添加附表。

3．图形绘制思路

（1）绘制 1740×560 的矩形（快捷键"REC"），如图 4-118 所示。

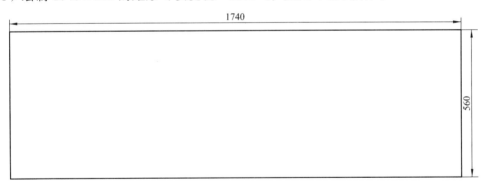

图 4-118　绘制矩形

（2）解包矩形（快捷键"X"），竖线向左右偏移 150，顶边向下偏移 80（快捷键"O"），如图 4-119 所示。

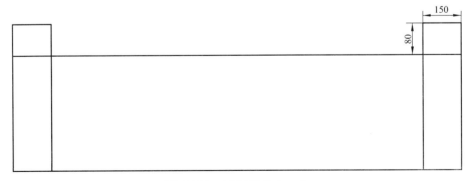

图 4-119　绘制线条（一）

（3）将上下顶边偏移 40（快捷键 "O"），并绘制小时格（快捷键 "O"），距离 60，如图 4-120 所示。

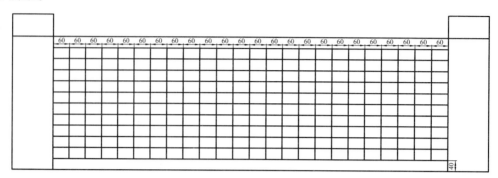

图 4-120　绘制线条（二）

（4）绘制站点横线，距离为 40（快捷键 "O"），并绘制半小时格，图层为细虚线（快捷键 "LA"），距离为 30，颜色为黄色，线型为 DASHED，如图 4-121 所示。

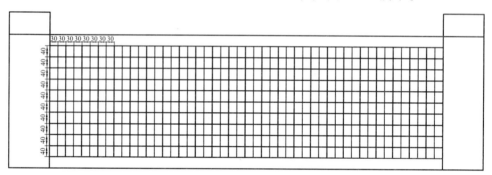

图 4-121　绘制线条（三）

（5）绘制十分格和分钟格（快捷键 "O"），分钟格长度为 1（快捷键 "L" 和 "O"），使用细实线，如图 4-122 所示。

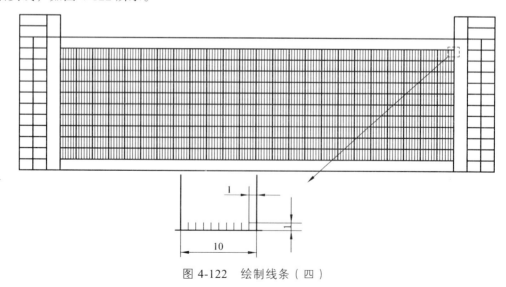

图 4-122　绘制线条（四）

（6）站名格和区间运行时分格（快捷键"O"），并镜像（快捷键"MI"），如图 4-123 所示。

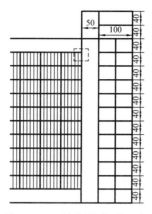

图 4-123　绘制线条（五）

（7）添加文字（快捷键"T"），如图 4-124 所示。

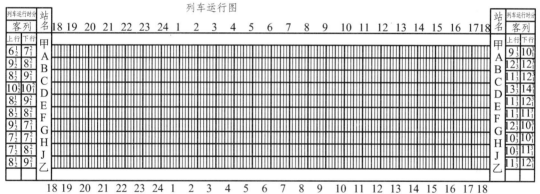

图 4-124　添加文字

注：此处注意附加运行时分的标识方法，按照前面所讲的尺寸公差的标识方法来标识。

（8）绘制学生信息栏，并完成整体图形，如图 4-125 所示。

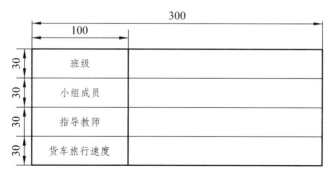

图 4-125　绘制学生信息栏

（9）整体图形绘制完成，如图 4-126 所示。

班级	
小组成员	
指导教师	
货车旅行速度	

中国国家铁路集团有限公司
列车运行图

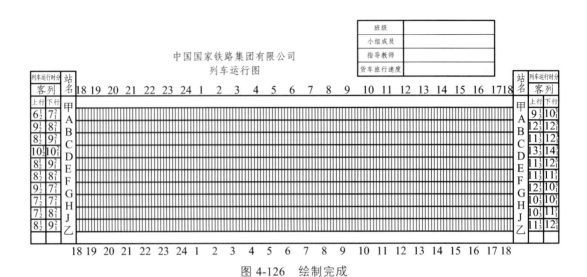

图 4-126　绘制完成

- 164 -

附录　AutoCAD 常用快捷键

序号	命令栏	快捷键	序号	命令栏	快捷键
1	圆弧	A	26	选项	OP
2	建块	B	27	草图设置	OS
3	圆	C	28	图层	LA
4	标注设置	D	29	引线标注	LE
5	删除	E	30	属性扫	MA
6	倒圆角	F	31	镜像	MI
7	填充	H	32	旋转	RO
8	插入块	I	33	缩放	SC
9	直线	L	34	文字样式	ST
10	移动	M	35	修剪	TR
11	偏移	O	36	参考线	XL
12	延长	S	37	样条曲线	SPL
13	文字	T	38	矩形	REC
14	返回	U	39	多边形	POL
15	导出块	W	40	倒直角	CHA
16	解包	X	41	基线标注	DBA
17	视窗	Z	42	线性标注	DLI
18	对齐	AL	43	连续标注	DCO
19	阵列	AR	44	对齐标注	DAL
20	加载插件	AP	45	半径标注	DRA
21	打断	BR	46	直径标注	DDI
22	复制	CO	47	角度标注	DAN
23	修改标注	ED	48	端点捕捉	END
24	椭圆	EL	49	中点捕捉	MID
25	延伸	EX	50	切点捕捉	CEN

参考文献

[1] 杨雨松，刘娜. AtuoCAD 2006 中文版实用教程[M]. 北京：化学工业出版社，2006.

[2] 周建国. 中文版 AtuoCAD 2006 基础与典型应用一册通[M]. 北京：人民邮电出版社，2006.

[3] 中华人民共和国劳动和社会保障部. 国家职业标准 制图员[M]. 北京：中国劳动社会保障出版社，2002.

[4] 全国计算机信息高新技术考试教材编写委员会. AtuoCAD 2007 职业培训教程（中高级绘图员）[M]. 北京：北京希望电子出版社，2007.

[5] 全国计算机信息高新技术考试教材编写委员会. AtuoCAD 2007 试题汇编（中高级绘图员）[M]. 北京：北京希望电子出版社，2007.

[6] 中国工程图学学会. 三维数字建模试题集[M]. 北京：中国标准出版社，2008.

[7] 志远. AutoCAD 制图快捷命令一览通[M]. 北京：化学工业出版社，2009.

[8] 薛焱，王新平. 中文版 AutoCAD 2007 基础教程[M]. 北京：清华大学出版社，2006.

[9] 刘广瑞. 新编中文 Auto CAD 2007 实用教程[M]. 西安：西北工业大学出版社，2007.

[10] 郑运廷. AutoCAD 2007 中文版应用教程[M]. 北京：机械工业出版社，2011.

[11] 常治平. 铁路线路及站场[M]. 北京：中国铁道出版社，2014.

[12] 刘志强. 铁路机车车辆[M]. 北京：中国铁道出版社，2014.

[13] 贾毓杰. 铁路信号与通信设备[M]. 2 版. 北京：中国铁道出版社，2019.